間違いだらけの少年サッカー

残念な指導者と親が未来を潰す

林 壮一

光文社新書

はじめに

ご承知のように２０１４年のブラジルワールドカップで、日本代表はまるでいいところなく敗れた。近隣国のなかでは「強い」とされていたものの、翌２０１５年１月に行われたアジアカップでもベスト４にさえ残れなかった。同年８月に中国、韓国、北朝鮮との４カ国間で催された東アジアカップでは１勝もできず、最下位に終わった。

プロリーグがスタートして24年目を迎え、サッカーは国民的スポーツとなった。街で見かける少年の多くは、サッカーに因《ちな》んだウエアやシューズに身を包んでいる。日本代表に関するニュースが、あらゆる媒体で報じられている。

一見、順調に歩を進めて来たように見えるが、日本サッカーの現状にはイエローランプが点《とも》っている。U18、U16、U14と若い世代もアジアで勝てなくなっている。

それでも現在の小学生にとってワールドカップとは「母国が出場できて当然」であり、

「近い将来、本気で優勝を狙う大会」だ。彼らは、かつてA代表が何度挑んでもワールドカップアジア予選を突破できなかったことを知らない。

今でこそ新聞の一面にサッカーが扱われることも珍しくないが、Jリーグが開幕した1993年までは、日本代表よりもプロ野球にスポットライトが当たっていた。日本のプロスポーツと言えば、相撲、野球、ゴルフくらいで、サッカーはアマチュアに過ぎなかった。代表の試合はもちろんのこと、日本リーグや天皇杯よりも、「青春」をキーワードに日本テレビが派手な演出を仕掛ける、全国高校サッカー選手権大会のほうが華やかであった。

1977年に旧西ドイツに渡り、ブンデスリーガーとなった奥寺康彦の例はあったものの、国際試合で目にする日本代表は、2015年の東アジアカップ以上に、見るも無残な戦いしか繰り広げられなかった。そんなサッカー後進国だった日本で、1979年にワールドユース東京大会が開催される。20歳以下の国際大会だ。キング・カズこと三浦知良が中学1年生の頃である。

前年の1978年に催された第11回ワールドカップでは、ホスト国であるアルゼンチンが優勝を果たした。その代表メンバーに最後の最後で落選したディエゴ・マラドーナは、自身の実力を見せつけるべく、意気揚々と来日し、華麗なテクニックを披露しながら、己がワールドクラスであることを証明する。7年後に彼はワールドカップを制し、世界一の称号を手にするが、飛揚の場が東京だったのだ。このワールドユース東京大会では、日本人も超一級品のサッカーを目の当たりにした。

それ以前より、広島、静岡、埼玉あたりではサッカーが熱を帯びていた。日本サッカー協会の記録によれば、1979年には全国で6万8950人の小学生が選手登録されている。中学生は4万5609人。Jリーグが開幕した1993年の小学生プレーヤーは3・4倍の23万6742名、中学生も3・5倍の16万293名。そして、2012年のデータでは、小学生が31万7206名、中学生が26万928名となっている。

ワールドユース東京大会でマラドーナに魅せられた人々の子供たちが、親子二代に亘ってサッカー好きとなったケースも多い。少子高齢化が盛んに叫ばれる今日の日本社会において、サッカー人口は1979年の4・6倍（小学生）、5・7倍（中学生）と増え続けている。

1979年からJリーグ開幕までの間に、漫画『キャプテン翼』（1981年から1988年まで週刊少年ジャンプにて連載）が大ヒットを飛ばした。単行本、文庫版を合わせ累計7000万部もの売り上げを誇り、翻訳本も1000万部を数える。TVアニメも放送され、現在の40歳前後がサッカーに心を躍らせた。長く代表の顔としてジャパンを牽引した中田英寿も翼ファンであるそうだ。

中田英寿に続き、セリエAでプレーする長友佑都、全日本のエースである本田圭佑、プレミアリーグの名門チーム、マンチェスター・ユナイティッドに所属した香川真司など、一昔前までは、漫画のストーリーとしてしか捉えられなかった事柄が、現として目の前で起こっている。

サッカー少年たちはJリーグではなく、ヨーロッパのプロとして躍動したいと夢を膨らませる。彼らは地球上のスポーツで最大の競技人口を誇るサッカーが、世界と繋がっていることを十二分に把捉している。そして人種を問わず、サッカー好きが4年間を心待ちにするのがワールドカップであり、五輪を超えるイベントとして君臨する。

Jリーグ創設以降、日本も5大会連続でワールドカップに出場できる身となった。代表の主力選手は、4大リーグと呼ばれる海外のチームに属し、「ワールドカップで優勝を狙います」「世界中のファンに自分をアピールしたい」と自信満々に話す。2002年の日韓大会と2010年の南アフリカ大会で、日本代表はベスト16に入った。歴史を振り返れば大健闘であり、快挙と呼んでも差し支えない。

が、サッカー強豪国であるブラジル、アルゼンチン、ドイツ、イタリア、スペイン、フランス、イングランド、オランダなどと比較すると、大きく見劣りするのも事実である。本書では、再びアジアで勝てる日本を取り戻すためにすべきこと、強豪国との差を少しでも縮めるための策、あるいはサッカー好きの少年たちが今、どこを見詰めればいいのか、どうすれば彼らがずっとサッカーを愛し続けられるかを探りたい。

目次

はじめに　3

プロローグ——少年サッカーの指導現場　14

第1章　本田圭佑選手のサッカースクール——子供たちを吹っ飛ばせ——　21

日本代表における本田圭佑という存在／「亀」の子を育てたい／「子供たちをリスペクトしていますか?」／サッカーを通じた人間教育の場／他のスポーツをやることの重要性／戦うメンタリティーを作るために

目　次

第2章　ボルシア・ドルトムントのサッカースクール
――「ダメ」と言わない指導――　39
ある中学校のサッカー部顧問（体育教師）／尊敬と怯えることは違う／怒られるのが嫌なのでシュートを打たなくなる／楽しむことが自信に繋がる／ダメ出しばかりしていると、考えない選手ができ上がる／本家ドルトムントと話し合って決めるカリキュラム

第3章　ACミランの少年育成
――「最も肝心なのはメンタルです」――　57
「海外に行かなければ身に付かないもの」とは？／至れり尽くせりの環境／コーチ一人につき選手は7～8名／いかに上手く味方を使うか／1対1を繰り返す／「最も肝心なのはメンタル」／学ぶスピードの速い選手が伸びる

第４章　インテルの少年育成
――「一つひとつのプレーに気持ちの強さを見せて
もらわないと、プロの世界では生き残れません」―― 77
チェックするのはテクニック、人間性、スピード／各年代に求めること／育てた選手を売るビジネス／「本当の才能は心」／強く、速いパス／長友の姿を思い起こさせるオーバーラップ

第５章　サッカーの街・埼玉県旧浦和市
――「選手を見極めることが指導者として一番大事」―― 95
浦和レッズのカラーとは？／「体で覚えることが一番」／帝京高校の過酷な練習／「自分の生きる場所」を教わる／「日本人は教え過ぎ」／努力は才能を超えられる

第６章　埼玉県・ロクＦＣ
――「私たちの仕事は上に行って
伸びてくれる選手を育てること」―― 113
上に行って伸びる子を育てる／高橋英辰の教え／「サッカーしか知らない指導者が

多い」／全ての子を受け入れる／強いメンタルは作れる

第7章　サッカー処・静岡県旧清水市
　　　　――「黄金期ができた理由は育成」――131
日本代表で活躍する清水東高校の出身者／かつての清水の強さの秘密／教師がサッカーを支える／「黄金期ができた理由は育成」／父兄コーチの台頭

第8章　清水東高ＯＢが語る故郷の強さ
　　　　――「自身の足りない部分を補うよう
　　　　一所懸命やることが肝心」――147
クラマーの教え――５つの基本／基礎ができていない子供たち／今の子はリフティングが下手？／「優勝しなきゃ、２位も１回戦負けも同じ」というメンタリティー／「自分で考える力を持った選手を育てたい」

第9章　東京ヴェルディの少年育成
――「サッカーへの情熱を消さないように、技術を身に付けさせたい」　165
教えられ過ぎの子供たち／状況判断を磨かせる／裕福な中で、どう力強さや勝負強さを身に付けるか／「好きなサッカーを楽しむために自分が何をすべきか」

第10章　アルゼンチン出身の指導者が見た日本
――「子供が笑顔になれないサッカースクールが多い」　179
日本の練習を見て不安に……／「プレーが奇麗過ぎる」／自分の頭で考える選手が育たない／怒ることがコーチングと勘違いしている／「絶対にストライカーを作りたい」

第11章　イングランド人が見るJリーグ
――「日本の子供たちは練習のし過ぎ」　201
日本にいたらサッカーを続けられなかった／厳し過ぎるコーチ、練習し過ぎる子供

たち／自信がない日本人／サッカー文化が根付きにくい環境／異国の血の必要性／ファイトできる選手の育成

最終章　3人の子供全てをプロサッカー選手に育てた父親
――「短所を消せないと、長所も伸びない」――　221
「自分より上手い人とやっていくと、競技者は伸びる」／「勝負の世界は、勝った奴しか光り輝かない」／「短所を消せないと、長所も伸びない」／「思考レベルが高いと、そこに持っていこうとする」／「勝つためのサッカーを、小さい時からやらせ過ぎている」／「〝支え〟をだいたいの親はいやがる」／「人間は心を開いて素直になることが一番大事」

エピローグ――「指示待ちっ子」ばかりが生まれる構造　237

参考資料　246

プロローグ――少年サッカーの指導現場

筆者はブラジルワールドカップ直前の2014年春より15カ月間、少年サッカーの指導法をテーマに、月刊誌で原稿を発表した。取材の過程で言葉を交わしたサッカー関係者は、1000名を超える。

心に響いたコーチの言葉もあれば、目を疑う光景にも出会った。メキシコ五輪で日本代表に銅メダルを齎《もたら》したドイツ人コーチ、故デットマール・クラマーは「最初のコーチが、その選手の将来を決める」と語ったが、ならばもう手遅れかもしれない、と感じたこともある。現場を歩けば歩くほど、日本サッカー界の未来が明るいようには思えなかった。

例えば、浦和レッズを擁する埼玉県旧浦和市内で歴史があるとされる某少年団は、パパコーチが権力を乱用していた。1年生から6年生まで各々25名ほどのプレーヤーが在籍することの少年団は、学年単位で1チーム作り、2年生以上はキャプテンに指名される子が出る。幼稚園時代にサッカーを始めたQくんは、1年生の頃から2年生チームに混じって練習していた。翌年、総監督からキャプテンに任命されると、同じ学年の息子を持つパパコーチから、嫌がらせをされるようになる。

「Qも、Qの親も無視しろ」なるお達しが下り、不穏な空気が流れ出す。我が子可愛さに親たちの大半がコーチの命令に従った結果、Qくんは精神的に追い詰められ、急性胃炎で学校に通えなくなってしまう。心配した母親が総監督に相談に行くが、「それも少年団の一部です」と鰾膠《にべ》もない対応だった。

Qくん追い出しに成功したパパコーチは、嬉々として息子を新キャプテンに選び、週末の活動を続けている。一方のQくんは心に深い傷を負い、人間不信に陥ってしまった。サッカーからも遠ざかっている。

こうした話はけっして珍しくない。無償のボランティアコーチに、指導者としての哲学を期待するのは酷である。チーム運営者にしてみれば、人間的に問題があっても休日に手伝ってくれる大人は戦力なのだ。

また、都内で指折りとされるクラブチームの監督は、選手がどんなコンディションに置かれても、休むことを許さない。小学生といえども、レギュラーを奪われるのは屈辱だ。Jくんは無理を重ねながらプレーを続け、立てなくなるほどの状態に追い込まれる。Jくんを診断した医師は、「こんなに酷くなるまで、一体何をしていたんですか！」と父親を一喝した。

息子がピッチで活躍する姿を見るのは、親としてこの上ない喜びだが、自分は父としての務めを満足に果たしていなかった、と、この父は猛省する。考えてみれば、倅《せがれ》が楽しそうにサッカーをしている様を久しく目にしていない。ゴールを決めても、当然のような顔をして自軍に戻らなければ、監督にどやされるからだ。いつしかJくんは、極端に笑顔の少ない子供になってしまった。

あるいは、日本サッカー協会が定めるC級コーチライセンスを持つ40代後半のX氏は、クレーマーとして有名だ。自身の息子が通うJチームのスクールに顔を出しては、指導者たちに「お前ら、こんな教え方しかできないのか！」等の罵声をしょっちゅう浴びせる。

息子の試合を観戦する折にも監督以上に指示を出し、指導者の采配をぶち壊してしまう。息子の送迎で練習場に現れれば、コーチ面をして子供たちに「サッカーは遊びじゃねえんだ」と言いながら指導を始める。子供たちや保護者がどれだけ困惑しているかには気付かない。C級ライセンスは、今日、インターネットで学べば取得できるそうだ。

全国高校サッカー選手権大会やインターハイで複数回優勝し、日本代表選手を何名も輩出した関東の某高校は、今でも監督が、意に沿わぬプレーをした選手を靴でぶん殴るそうだ。それも、日常茶飯事だという。

「サッカーは好きですが、あの人とはやっていけない。もう耐えられません……」

同校で副キャプテンを務めていた選手の悲痛な叫びを聞いた。彼の言う〝あの人〟も、そういった指導を受け、全国大会で優勝メンバーとなっている。だから、同じことを繰り返すのだ。かつてはどこの運動部でも行われて来たことだと暴力を肯定する人も多いが、まさしく悪しき日本の伝統である。

素人の域を出ないが、著者は大学時代、体育会のサッカー部に所属していた。東京都リーグ3部という低いレベルであったが、大学4年間、サッカーに打ち込むつもりで入部した。だが、監督を務める同大学の教授はほとんど練習に姿を見せず、たまにやって来たかと思えばペットの犬を連れていたり、幼児である娘の手を引いていたりと、まるで真剣味がなかった。この教授がベースを築いた練習メニューも遊びに過ぎず、コーチもいなかった。

述べるまでもないが、負けてばかりのチームだった。それでも、教授監督が責任を追及されることはなく、何コマか授業を休講にして、ワールドカップ観戦ツアーに参加できるご身分だった。振り返れば、この男の存在こそ、典型的な「歪んだ日本社会」を反映していた。それでも〈体育会〉という免状が得られれば、就職活動は俄然有利になる。打算ではあったが〈体育会サッカー部〉とは、同チームに属する学生にとって、生きるうえでの戦術であり、処世術だった。

私は、こんな監督と時間を共有できる人間ではなかった。パートナーを買って出てくれた先輩との自主練習を続けながら、2年生の初夏に退部し、夏休みをアルゼンチンで過ごした。肉体労働でカネを作り、クラブ・エストゥディアンテス・ラ・プラタ4軍のトレーニングに混ざったのだ。

2カ月弱の滞在だったが、アルゼンチンの練習は濃く、厳しく、それでいて楽しかった。ボールを奪い合った際、激しいタックルで倒され、ビブスを裂かれ、顔面に肘鉄を食らわされながらも、紅白戦でゴールした暁には〃天にも昇る思い〃を味わった。こんな環境でサッカーがやれたら、どんなに幸せだっただろう、と心の底から思った。

帰国後はボクシングジムに通い、サッカー以上に熱を入れるようになるのだが、職場に犬を連れてくるようなレベルのトレーナーには巡り合わずに済んだ。日本サッカーが飛躍的に進歩した一方で、サッカーの現場には、今尚、こうした類の人間たちが蠢《うごめ》いている。

「まだまだ、まともな指導者が育っていない」

それが、今回の取材後の率直な気持ちである。欠陥だらけの無能な人間と付き合う経験も、人生においては学習だが、真っ白な少年たちに味わわせないほうがよいこともある。

以前、清水エスパルスのスタッフがマンチェスター・ユナイティッドを訪れ、育成部長と会話した折に「いい選手を育てるのは誰だろうか？」という質問を投げかけられた。解答は「親」であった。監督やコーチも含まれるに違いないが、一番影響を与え、選手の環境を整えてやれるのは親だと、説かれたという。

ならば、日本の親も壮大な夢を持つ若きプレーヤーたちに、最良のサポートをしてやろうではないか。

日韓、ドイツ、南アフリカと、3大会のワールドカップで日の丸を背負った稲本潤一は言う。

「小学生なら、今、できないからといって焦る必要はまったくありません。そこから伸びる要素はいくらでもあります。『やり続けること』『サッカーを楽しむこと』が一番ですし、近道です。

セレクションに落ちたとかって諦めるんじゃなくて、サッカーを愛してやり続けることが、プロに近付く最短の道です。夢を追い続けることが重要だと思います。小学校の高学年とか中学生でサッカーを始めて日本代表になった人もいるし、サッカーが好きな気持ちを忘れないでやってほしいです」

こうしたトップ選手の言葉を理解し、実践するコーチが一体何人いるだろうか。子供たちは、サッカーをやり続けられる環境に置かれているだろうか。

読者の皆様もご存知のように、「こうすれば、あなたのお子さんは一流選手になれます」などという魔法のドリルは、この世に存在し得ない。ただ、「一流のコーチは一流の教育者である」と言われるように、本書の取材で出会った指導者たちは、自身の体験を基にメッセージを発した。その中から、あなたのお子さんに合う言葉が見付かり、若きプレーヤーにも伝わることが著者の狙いである。

第1章　本田圭佑選手のサッカースクール

――子供たちを吹っ飛ばせ

日本人選手で最も高い場所まで上り詰めた本田圭佑。彼は自身を凡人だと言い切る。反面、自分に足りないものを把握し、それを補うために圧倒的な努力を重ねてACミランの背番号10を手に入れた、と話す。

その本田は、次世代に己の経験や哲学を伝えていた。

*日本代表における本田圭佑という存在

「本田圭佑は昨シーズンと違って、自信に満ち溢れているね。インザーギ監督が作るチームで、重要な役割を担っている。今のところ右サイドの攻撃を任されているけれど、中央でのシュートやパスも効果的だ。イタリアのサッカーを理解し始めたんだと思う」

サッスオーロの番記者であるマルコ・フリジアリは、ACミランの選手となった本田が、自身2シーズン目を迎え、6試合を経過した頃、Eメールでそう伝えてきた。

確かに2014-15年の本田は、一皮剥けた感があった。1勝も挙げられなかったブラジルワールドカップでも、彼は日本の支柱だった。コートジボワール戦のゴールも美しかったが、同じように印象的だったのは、ボールを受けたドログバが縦に突破していくところを、体を寄せてディフェンスしたシーンである。

ドログバの存在感に、日本代表チームは完全に呑まれていた。足も止まりつつあった。ブルーのユニフォームの面々に消極的なプレーが目立つなか、本田のスピリッツは生きていた。しかし、日本にはそれしか武器が無かったように見えた。

ブラジルワールドカップにおける本田は、けっしてベストコンディションではなかった。が、惨敗を受け入れ、直《す》ぐに次の目標を見据えたのだ。キレをもたらすのに、どれほどの思いで己と向き合ったのか。２０１４－15年シーズン序盤の戦いぶりはそれを物語っていた。メンタルの強さこそが、本田圭佑を日本最強のフットボーラーとしている。

先日、そのフリジアリと話す機会があった。

「３年目は本当に勝負の年。ミランの新監督、シニシャ・ミハイロビッチの要求に本田がどう応えるか。イタリアに来て学んだことも多いだろうし、僕は期待できると思うよ」

驚くなかれ。本田は自身を研鑽するだけでなく、日本サッカーのために次世代の育成にも着手している。オーストリアリーグ３部のＳＶホルンを買収したことも話題になったが、２０１２年５月に「ＳＯＬＴＩＬＯ　ＦＡＭＩＬＩＡ　ＳＯＣＣＥＲ　ＳＣＨＯＯＬ」という名のサッカースクールを発足させている。

ESTILOとはスペイン語で「スタイル」。これに、「太陽」の意であるSOLを織り交ぜた造語をスクール名とした。「一人ひとり人間は違う。サッカーを通じて、誰もが自分らしく、太陽のように育ってほしい」という思いが込められている。

現在、日本各地に約50校を開校し、およそ2500人の小学生が本田スタイルでボールを追う。「SOLTILO FAMILIA SOCCER SCHOOL」が産声を上げた大阪市淀川区の上新庄校を訪ねた。

＊「亀」の子を育てたい

本田と共にスクールを運営する鈴木良介GM（ジェネラル・マネージャー）は、静岡学園高校時代に全国高校サッカー選手権大会でベスト8、卒業後は、東京農業大学に進学した。プロになる夢を持っていたが、大学2年時に腰を痛め、指導者の道を選んだ。

「怪我でボールが蹴れなくなって、チームのために何ができるかを考えた時に、チームメイトのテーピングや、コーチの仕事が思い浮かびました。実際にやりながら、自分は大人に勝つサッカーを教えるより、子供たちと付き合っていくほうが向いているんじゃないかと感じたんです。自分の思いや、やって来たこと、サッカーが好きな気持ちを伝えていけたらと。中学生や高校生って、ある程度サッカーへの思いが決まっていますよね。止《や》める子は止める。やる子は次のカテゴリーへ行く。努力し続けるかどうかを自分で決めるじゃないですか。でも小学生って、まだその道をいくらでも変えることができます。僕は、ウサギと亀なら亀の子を見たいんですよ」

小学生の頃にレギュラーと非レギュラーを分けてしまうと、試合に出られない子供はサッカーを諦めてしまうケースが多々見受けられる。それでも、子供たちの未来には可能性がある。ちょっとしたコーチのアドバイスや接し方でガラッと変わり、大きく成長する。今の時点では、あまり活躍できていない「亀」の子を育ててみたい。それが、鈴木のコーチとしての原点だ。

鈴木良介 GM

「僕はたまたま運動神経が良かったので、サッカーを始めた小学４年から常にレギュラーで試合に出られました。だから、『亀』の子たちの気持ちが分からなかったんです。でも、自分がプロになれなかった理由は、サッカーを知らなかったからなんですね。サッカー処の静岡で育ち、長く続けて来たというのに、サッカーをしっかり教えてもらえなかった。今、顧《かえり》みれば、ゴールを奪うまでのプロセスを作れずに、その場凌ぎのプレーばかりしていた。怪我もありましたけれど、当時は高校からプロが当たり前で、僕の中では、大学はプロ挫折組のイメージだったんです。

逆に言えば、運動神経のいい子がサッカーを知れば物凄い選手になれるかもしれない。サッカーを知っているって非常に大きいんですよ。だから、小学生がサッカーを好きになること、何故サッカーが好きなのかを自分で理解できるように理論を明確に伝えることで、今は運動神経の低い子でもある程度高いレベルでサッカーがやれるようになります。自分のモチベーションを高めることもできる。僕との出会いをきっかけに、サッカーを続けてくれる子が一人でも多く出ればなと」

鈴木は大学在学中から、東京都のクラブチームやサッカースクールで、コーチとして小学生と付き合うようになった。やがて地域の選抜チームの指導者となる。

「いいモノを持っているのにフィジカルが弱い、体が小さい、足が遅いから選ばないということを、僕はしませんでした。足が遅いなら、彼の良さを引き出すためにどうやって教えるかを考えればいい。小さい子なら、相手に触らせなければ倒されない。そういう指導をすることで、彼らの生きる場を見付けてあげたいと思うんですよ。将来性はあるのに、今は使えないからという理由で落としてしまうのか。選抜選手になることで自身の気付きがあったり、羽ばたいていく子もいっぱいいいるんですよね。選ぶということでも、しっかり子供たちのために伝えられること、目的を見失わないようにさせることが大事だと考えています」

＊「子供たちをリスペクトしていますか？」

大学卒業後もコーチとして生計を立てていた鈴木と本田圭佑との出会いは２０１０年のことだ。

「南アフリカワールドカップが終わって本田選手が帰国した時、彼の練習に僕も居合わせたんです。日本代表合宿まで２〜３日、時間がある。しっかりトレーニングしたい。試合をやりたいので人を集めてくれ、と本田選手が希望を出した。集まったメンバーの一人として僕も加わり、一緒にやったのが縁です。その後、２０１０年の12月に宮崎県と石川県で本田選手がサッカークリニックを催した際には、スタッフとして声を掛けてもらいました。以後、毎年同様のイベントを日本全国や上海で開催し、本田選手自身が『こういう活動を続けていきたい』と、ＳＯＬＴＩＬＯを作ることになりました。

でも、直ぐに実現したわけじゃないんです。サッカースクールをマネージメントしたり、指導だけでなく、運営、人材やコーチたちの指導もしなければならないですよね。なので、マネージメントを学ぶためにベンチャー企業に入って勉強をしたり、イングランドにコーチライセンスを取りに行ったりと準備しました。1年半くらいを経て、2012年5月に最初のスクールを立ち上げたんです」

サッカーの指導者であるなら、当然の如く世界の強豪国の育成が気になる。鈴木はイングランドとスペインで学ぶことにした。

「自分の目できちんと確かめたかったんです。海外の現場で子供たちと触れ合うことによって、日本の子供にフィードバックできることが沢山あるんじゃないかと感じました。日本は、根性論ありきのサッカーが主流だったりしますよね。それで、子供たちに罵声を浴びせて判断や自主性を奪ってしまったりすることが多いじゃないですか。子供を育てているとは言い難く、子供たちがコーチの顔色を窺いながら試合をやったりします。ヨーロッパでは、まず指導者が子供をリスペクトします。そこが驚きでした。イングランドの前はスペインでも学んだんですが、子供たちが非常に自主性を持っているんですよ。

『○○の練習をやる』って言うと、向こうの子って必ず『どうしてそういう練習やるの?』

って質問します。日本の子は、直ぐに並んで言われたことをやるじゃないですか。それが当たり前ですよね。ヨーロッパの子は『その練習は、本当に自分のためになるのか？』みたいに疑問をぶつけて来ます。だから、コーチも中途半端なメニューは考えられない。コミュニケーション能力や主体性の部分で、子供たちの差を感じました。僕が育った環境や、指導者になって付き合って来た子とはまったく違います。もちろん、指導者の質もあると思います。地域にサッカーが根付いていてトップリーグの試合を見られるとか、家庭での会話でも、親御さんがしっかりサッカーを知っているとか。文化ありきのなかで子供たちが育っているので、子供の目も厳しいというか、サッカーを知っているんです。日本の子たちよりも成熟している印象を受けました」

スペインに４週間滞在し、その後訪れたイングランドで、鈴木はコーチライセンスを取得する。

「イングランドに行って最初に言われたのが『**子供たちをリスペクトしていますか？**』という言葉でした。日本では聞かない、というか無い言葉だと感じましたね。子供たちをリス

SOLTILOの子供たち

ペクトしている指導者がどれだけいるのか？　と深く考えさせられ、意識するようになったんです。

また、基本的に子供たち全員に、沢山ボールを触らせることを実践していました。子供は大人が知らない発想を持っていてアイデアの塊だから、それを大人が奪ってはいけない、と叩き込まれた気がします。大人が下手だと決め付けて試合に出さないのは、子供たちのアイデアを尊重していないことになるわけです。

日本の少年サッカーってずっと11人制でやって来て、最近8人制に変わったんですが、多くの子がボールを触れるようにということでなんですよ。全員出場するレギュレーションにしようとか、日本の育成年代のサッカーも変革しているところです。海外だと年代によって、5人制、6人制、7人制、8人制って進んでいきます。子供たちがボールに触れる環境を与えているな、と感じました。やはり先駆者ですね」

＊サッカーを通じた人間教育の場

鈴木は本田と何度も話し合い、ヨーロッパで学んだことを活かしたカリキュラム、理念、哲学を作り込んだ。週に1度のスクール生なら、年間でおよそ40日間。その約40回のレッスンをどのようなメニューにするかを熟考した。

「本田選手は現役のプレーヤーですから、彼が世界で感じていること、子供の頃に『これはやっておいたほうが良かった』と感じていることを聞き出して、トレーニングメニューに落とし込んでいます。

子供を預かるって、凄く責任のあることですよね。子供が指導者から受ける影響って、非常に大きい。しかもサッカーっていう、子供たちの好きなものに携わっている訳ですから、勉強しなければいけないし、自分を抑えなければいけない部分もある。自分のパーソナリティーを、高めなければいけないと常に感じています。でも、正直、日本にはそういうことを知らないコーチが多過ぎる。ＳＯＬＴＩＬＯのコーチには、日頃からそのようなことを口うるさく伝えるようにしています。

今、ＳＯＬＴＩＬＯは全国に60人くらいコーチがいるんですが、必ず月に2回以上全員を集めて、子供への伝え方、理念、僕らがどういう思いでやっているのか、そして毎月テーマが変わっていくので、トレーニングメニューの説明をします。

本田選手はいつも『人間性をもっともっと磨かせなさい』と言うんですよ。ＳＯＬＴＩＬＯはサッカーを通じた人間教育の場であるんだと。『本田を超える』という言葉をよく使いますが、サッカー選手としてだけじゃなくて、別のことで本田選手を超える可能性だってある。例えば錦織圭選手のように世界一のテニスプレーヤーを目指してもいいんです。そのきっかけを僕らが与えられればと。夢を持たせる。その子がパワーを発揮することが、SOLTILOとの繋がりでできればと思います」

SOLTILOでは、コーチと保護者との会話を重視している。指導とは、保護者とコーチの二人三脚であるとの思いからだ。このあたりは、マンチェスター・ユナイティッドの「いい選手は親が作る」という哲学と共通する。

「親御さんって子供と接する時間が長いじゃないですか。僕らが週に1時間接するよりも、子供には親御さんの言葉のほうが響くことが多いです。僕は、親御さんの協力ありきで子供たちを育てられると思っているので、『こうやって育てていきましょう』というお話はできる限りさせていただいています。例えば、所属チームで試合に出られなくて挫折しちゃう子もいれば、試合に出てやろうと頑張る子もいる。出て伸びる子、出ることが必要な子なのか、ベンチの悔しさを味わっても這い上がるタイプなのか。それを日々、目にしながら本人の特徴を見ていかねばと思います。個々の特徴を見極め、その子にとって一番いい言葉を掛けて伸ばしてやるのがSOLTILOの指導法です。

僕らは彼らに合うアプローチをしますから、サッカーを通じて社会性や協調性を学んでほしいな、と。そのなかで理念を持って、常に子供のためにやっていけるようなサッカースクールを目指しています」

*他のスポーツをやることの重要性

ＳＯＬＴＩＬＯの誕生から、１年半後にスペシャルクラスを設けた。２年生から６年生まで、各約７名ずつの選抜チームである。

「２５００人もいたら、物凄く高いモチベーションの子、それこそ本田選手を超えるんじゃないかという逸材もいるんですよ。なので、その子たちの入り口とかドアを開いてやらなければと思うんですよね。だから、僕らはそこにもアプローチをしようと、スペシャルクラスを作りました。トップレベルを目指して本田選手の背中が見えるようなトレーニングをする。いい選手を輩出していくというのはチームとして当たり前のことなので、サッカーの原点ですよね。涙する子を踏み台にして上がっていく子がいなければ、日本サッカーは発展しないですから」

このスペシャルクラスの練習は週に２回。所属チームのスケジュールと合わせても、週に

4〜5回。鈴木コーチは、小学生時代は他のスポーツをやることも大事だと語る。

「僕は、サッカーだけやっていても上手くならないと思います。なので、他のスポーツを推奨します。自主練をするならキャッチボールなんかいいですよと、親御さんに言ったりします。あるいは水泳、テニスもサッカーにプラスになるでしょうね。空間で浮いているボールの扱い方は、上級生にならないと難しいんです。本人が蹴れないですから。テニスのできる子、キャッチボールができる子は、空間認知能力が身に付いていますから、例えばゴールキックでボールがどこに飛んで来るのか、察知してポジションを取れる。また、足ばっかり使っていると怪我をしやすくなります。成長痛になる子も非常に多い。

子供たちはサッカーが好きですから、自分の時間をサッカーに費やすっていうのは自然なことです。そこで何か手を貸してあげられるのなら、ちょっとテニスやってみたらとか、キャッチボールやってみたらっていうことなんです。彼らの違った能力とか、違った神経を刺激できますからね。それがサッカーにいい形で返ってくるんですよ。水泳のような全身運動なら怪我の防止にもなるし、身長が伸びるとか、そういうことにも繋がると思います。なので、ウチはサッカーを週に5回やっているという子がいたら、直ぐに止《や》めてくださいって言いますね」

このあたりは、儲け主義のサッカースクールと視点が異なっている。私が見た某スクールは、小刻みにレッスンを設け、毎日のように通う子供が一人でも多くなるよう努めていた。

鈴木の次の一言には、唸らされた。

「ウチは人材の雇用でもいろいろな部分でチャレンジしています。元Ｊリーガーのセカンドキャリアを考えたり、なでしこリーガー、Ｆリーガーの雇用もしているんですよ。あるいは、サッカーで挫折した子も雇います。彼らは夢を叶えられなかったけれども、できることならサッカーで生活したいという思いが強い。もちろん、元Ｊリーガーもいますが、僕は一度挫折を経験し、でもサッカーが好きで、何とかサッカーを仕事にしたいという人間で組織を作るのがサッカー文化を育てることやサッカー人を増やしていくことになるんじゃないかと思っていて、本田選手とも、いつもそう話しています。

コーチもハッピーに、サッカーで暮らしていける環境を整えられるよう、何とかしていきたい。子供だけじゃなくて、指導者たちも子供に教えている時、サッカーをしている時って本当に生き生きするんですよ。そういういい流れや、空気が沸き起こっていったらと考えています」

＊戦うメンタリティーを作るために

生き生きと子供と触れ合うコーチたちに、本田は英語でのコミュニケーションを求める。朝礼を英語のみで行うこともある。自分のように、国際人として羽ばたいてほしいからだ。さらには、ピッチでも彼らしい指導をしている。

〈子供たちを吹っ飛ばせ〉

「怪我をさせろという意味ではありません。大人、子供に関係なく、コーチ対子供でやった時に、**わざとゴールさせるなんてことは絶対にやるな。コーチがゲームに入るなら、そのチームは絶対に勝て。10対0でも負けさせろと。子供がボールを本気で取りに来たら、本気で取り返せ。コーチが自ら『サッカーってこれだけ厳しいものだぞ』ということを示せと。体が小さければ工夫しなければ戦えない、海外に行けば体格差がある等、このピッチでできる限り伝えろと。**だから、僕らは必死で戦います。

できない子は最初、難しいんですよ。だからコーチと同じチームにして戦わせます。できる子たちにどんどん挑ませていってスライディングさせるんです。『ずるい』って言ってくる子も多いんですけど、そうするとこちらは、『君は本田選手に勝つ気、もうないんだね。僕に勝てなければ、本田選手を抜くことはできないよ』って答えます。毎回毎回そう言っていると、反応が変わって来るんです。戦えるようになっていく。本田選手を目指すってことは、こんなに厳しいんだぞ、と伝えていきます。本当に、最後の最後まで戦う気持ちを持ってほしいんです。

夢があれば人は強くなるし、目標に向かって努力する。ブレずに自分を持ち続けることができる。本田選手がそれを一番分かっているので、『ＳＯＬＴＩＬＯでなら、戦うメンタリティーを作ることができる』と言っています」

本田のようなメンタルを築く「ＳＯＬＴＩＬＯ」。世界で戦う本田圭佑ならではのメソッドがちりばめられている。今の日本人に最も欠けている「戦う姿勢」を、本田流に学ぶことで、子供たちの未来は輝くかもしれない。

第2章　ボルシア・ドルトムントのサッカースクール

——「ダメ」と言わない指導

ブラジルワールドカップで優勝を遂げたドイツ。技術より「ゲルマン魂」と称される闘争心で、世界のトップに君臨する。西ドイツ時代を含めてワールドカップ優勝4回、準優勝4回。日本代表史に欠かせないデットマール・クラマーが誕生した国でもある。

ドイツスタイルで日本の児童を教えているスクールが、都内にあった。練習メニューも、コーチ陣の思考も、日本とはまったく異なっていた。

＊ある中学校のサッカー部顧問（体育教師）

「おいおいおーい。ポジションはそこでいいのかよ！」

「何やってんだ!! お前、何の仕事もしてねえぞ」

「ダメだ、ダメだ。そんなんじゃ」

グラウンドに罵声が響く。声の主は、地域の新人戦で好成績を収めた、ある中学校のサッカー部顧問。この日は、自校にクラブチームを招き、練習試合を行っていた。30分×6。ホーム側もアウェイ側も3本ずつ指導者がレフェリーを務めたが、この顧問はセンターサークルから出ようとせず、ポケットに手を突っ込んだまま選手を怒鳴り散らしていた。結局、ホイッスルを吹くことは一度もなかった。

アウェイチームのコーチが、ピッチを走り回ってレフェリングをする様を目にしても、何も感じないようだ。ベンチでは足を投げ出して椅子に腰掛け、選手への罵りを続けた。息子の姿を観戦に訪れていたアウェイチームの父兄は一様に眉を顰《ひそ》めた。その一方で、ホーム側の親たちは何も言わずに戦況を見詰めている。おそらく、日常的な光景なのだろう。

トイレに寄った折、私はこの中学校の選手３名に声を掛けた。

「監督は、いつもあんな調子なの？」

「はい」

「褒められたことはまったくありません」

「いつもプロみたいなことを要求してくるので、言っていることがよく分からないんです」

私は訊ねた。

「君たち、サッカーをしていて楽しい？」

「サッカーは好きですが、あの先生じゃちょっと……」

「いつも怒られてばかりですから」

「移籍は考えないの？」

「もう2年生も終わるし、今からじゃ遅いですよ」

「あの人は、この学校の教師？」

「はい。体育の」

「いい先生？」

「どうでしょう……僕の口からは何とも……」

「何も言えませんよ」

「授業もあんな感じだよね」

この教師監督は極端な例でもなかろう。日本サッカーがプロ化して23年が経過したといっても、我が国にはまともな指導者が育っていない。さらに教師が監督を務める場合、親は柔順に指導者に従う傾向にある。モンスターペアレンツなる語が巷を賑わせているとはいえ、監督に牙を剥《む》く保護者などそうそう見当たらない。親は子供をレギュラーにしたいと考えるから、指導者の機嫌を損ねるような真似はできないのだ。

サッカーコーチとしての勉強をしていなくても、大学で資格を取り、教員採用試験に合格した人間なら、大きな間違いを犯すこともないだろう。また、高校受験の内申書を考慮した場合、学校側に苦情の一つも言おうものなら不利になる……、そんな複雑な思いが親の胸には宿るのかもしれない。

怒鳴られ続ける選手たちを見ながら、数日前に訪れたドルトムント・サッカースクールのコーチ陣の言葉が蘇って来た。

＊尊敬と怯えることは違う

日本代表の背番号10、香川真司が所属するボルシア・ドルトムントは、２０１３年10月より日本で小学生を対象としたスクールを開校している。世田谷、千駄ヶ谷、代々木と3カ所で、未就学児から小学6年生までおよそ２７０名の生徒を指導中だ。そのヘッドコーチであるマヌエル・ラウルセンは、日本の問題点を次のように指摘した。

「目上の人を尊敬する、上司の言うことは絶対、という日本の文化が、サッカーに悪い意味で影響を及ぼしていますね。選手は指導者を敬うべきですが、怯えることと尊敬は違うんです。選手がコーチと共にサッカーを楽しむ環境が無いと伸びないでしょう。子供のほうが大人より素晴らしい発想を持つのは自然ですから、それを大人も理解すべきです。目上の人を敬う日本の文化は素晴らしいのですが、必要以上に従うのはいかがなものでしょうか」

こうした結果が、ピッチで戦えず、シュートするのが怖い選手ばかりを生み続けていると、彼は分析する。

　ラウルセンは非常に珍しいバックグラウンドを持っている。オランダ人の父、スペイン人の母の下、1978年に英国、ロンドンで生を享《う》けた。

「当地のジャーマンスクールに通いました。教育レベルが高いということで、両親が送ったんです。現地の公立校よりも高度な教育をしていましたね。だから全てドイツ語で、ドイツスタイルの教育を受けました。卒業後、英国のカレッジ（日本の短期大学に当たる）を経て、4年制大学では心理学を専攻しました」

マヌエル・ラウルセン　ヘッドコーチ

　周囲の多くの男児と同じように、物心ついた時、既にボールを蹴っていたという。

「正確には覚えていませんが、サッカーとの出会いは2～3歳だったと思います。ユニフォームを着たのは7～8歳かな。ジャーマンスクールでは、基本的に誰もがサッカーをやります。6人×6人から始まって、7人×7人、8人×8人と年齢と共に増えていくんです。11人×11人は10～11歳だったと記憶しています。バスケットボール部、バレー部もありましたが、サッカー部はとても強かったですね。もう、夢中でやっていました。

技術の基本はどこの国も同じですよ。ただ、私の場合は父母の祖国、ドイツ、イングランドと4カ国のサッカーを見て、いいものを吸収していった気がします。最初に習ったのは、キックでした。サイドキック、インステップ、インフロント、爪先とあらゆる部位でのキックです。その次のメニューがボールを止めることでしたね。基礎を身に付けたのは6〜7歳でしたから細かくは覚えていません。自然にボールを蹴ることを学びました。ジャーマンスタイルの基本も、他の国と変わらないでしょう。ドリブル、ターン、シュートの順に磨いていきますね」

ラウルセンは選手よりも指導者の道を選択した。16〜17歳でサッカースクールのコーチを始めている。以来、学生と並行しながらパートタイムでコーチの道を歩んだ。

「21歳くらいでオフィスワーカーになったんですが、楽しめなくてね。やっぱりサッカーが好きですし、太陽の下で体を使いたいと考え、本格的にコーチ業を選びました。ドイツのB級ライセンスを取得しています。ドイツのコーチライセンスは、D、C、B、Aとあるんですよ。私はプロを教えるAは持っていません。ユース年代を指導することが好きなんです。ユース以下はBライセンスでOKです」

＊怒られるのが嫌なのでシュートを打たなくなる

そのユース年代から、ヨーロッパと日本では選手の差が広がっていくと彼は話す。

「小学生年代や幼い頃は、ヨーロッパも日本も大きな差はないです。皆シュートが好きで、ゴールに胸をときめかせる。ただ**ヨーロッパの子たちのほうが、日本人よりも我儘《わがまま》にゴールに拘《こだわ》ります。ゴールへの意欲が強いため、チームメイトからどう思われようがお構いなし、といったプレーをするんですよ。**

日本の子たちは、シュートを外してチームメイトやコーチに怒られることに怯えています。特にミスするとチームメイトに申し訳ないと考える子が、かなり多く見受けられます。また、日本には過剰な上下関係がありますよね。中学生くらいから選手は我慢を強いられますし、怒られるのが嫌なのでシュートを打たなくなってしまいます。そして、安全に安全にプレーするようになります。これは大きな問題です。日本のサッカー界で働く人々は、そこを了知しなければいけない。このような現状が創造性の妨げになっていますよ。もっと、ピッチで自由にプレーさせてあげなければ」

口汚く怒鳴ることが、選手たちにどんな影響を及ぼすかを考えられる指導者が少な過ぎるのが日本の現状だ。

「まずは、指導者が意識を変えていかねばならない。日本人はもっとシュートへの拘り、我侭な気持ち、そして我侭なドリブルを覚えてほしいですね。ですから我々は、ゴール前で、もっとシュートに拘れと教えています。シュートはリスクがありますが、ミスを気にせず打っていくことが必要です。特に日本代表はそうです。ゴール前で打つべき局面で、まだパスしていますから。小学生の年代のレベルはヨーロッパと同じくらいなのに、年齢が上がってくると日本と海外の差は大きくなります。やはりメンタルが違うんですよ。日本のサッカーには喜びや楽しみが無いですからね。まだ文化になっていないんです。

日本代表の選手も技術はあるのだから、どこでシュートを打つのか、打つべきなのかを改善していくべきです。いかなる場面で技術を使えばいいのかが、現時点では分かっていません。打つべきシーンでパスしてしまうというのは、誤った判断です。メンタルは、ハイレベルな場所で経験を積むことで鍛えられていきます。高いレベルのリーグでは責任感や、チームメイト、下部組織の選手からの尊敬度も違います。本田圭佑がいい例ではないでしょうか。若い選手は彼から学ぶことが沢山ありますよ。

ドイツの選手は時にピッチ外でマナーを知らないような態度も取りますが、スパイクを履けば自信を持ってプレーします。リスクを背負って果敢に挑んでいきます。いい意味での自由があるし、変な上下関係に縛られることもない。討論もしょっちゅう起こりますが、後々まで引き摺るような問題にはならないです」

ラウルセンはブラジルワールドカップでドイツ代表が優勝した理由について、こう説明した。

「多くの要素がありますが、様々な変革があり、GK（ゴールキーパー）からストライカーまで素晴らしくバランスの取れたチームに仕上がったことでしょうね。**ドイツは先進国です。南米なんかと比較してみれば、経済的にはハングリーではないかもしれない。ですが、コーチングを変えました。**どう若い指導者を育てるか。コーチには何が必要か。どんなメンタリティーが未来を作るか。どういった選手をベストと呼ぶか。各年代にとって、最も適した指導法とは何なのか。それらを理解した人間が現場に立っている点に、日本と大きな違いがあるんですよ」

＊楽しむことが自信に繋がる

日本の子供たちを前に、ラウルセンは「とにかく楽しんでほしい」と考えて接している。

「我々のスクールは未就学児から入れますが、楽しむことが、いつか自信に繋がるという思いが根底にあります。100パーセント、子供が楽しめる環境を作っているつもりです。日本の子供たちは泡のなかにいるように見えます。本人はその泡を壊すのが怖いんですが、こちらが壊して、笑顔で、ジョークを交えながら解き放ってあげる楽しみがありますね。

正直に語るなら、今の状態で日本のサッカーがワールドクラスになるのは難しいでしょう。経済的には素晴らしい大国ですけれどね。**フィジカルが弱い、小さい、あまり速くない、そこを補うにはやっぱりメンタルですよ**。南米選手なんて凄く我侭でしょう。でも勝つことに懸ける思いは強い。勝利への気持ちがあります。問題点を改善するのは難しいけれど、選手はどんどん海外に出るべきです。若い選手、子供たちもJリーグじゃなくて、世界のトップリーグの素晴らしいプレーを見てほしい。そこで強くなる〝何か〟を感じてほしい。メンタリティーもね。いつの日か、日本もワールドカップでベスト8には行けるんじゃないかな。その上は、他国のコンディションが大きくモノを言うでしょうが……」

未就学児クラスを見学したが、ラウルセンのレッスンは子供もコーチ陣もずっと笑顔だった。まず子供7名、コーチ3名がそれぞれ自由にドリブルし、2名が鬼になって相手のボールを奪いに行く。日本人コーチが「お尻バリア！」と言いながら、相手とボールの間に自身の体を入れる見本を何度も示した。ボールを自分のものにするとポイントとなるが、人の足を蹴るとマイナスが科せられた。次に、ドリブルで複数のコーンを抜いてシュート、最後に四隅にネット型の小型ゴールを置いてのゲームが行われた。

7名のうち6名は年長児で、1人だけ年中の男児が混ざっていた。一際体の小さなこの子が、両手を上げながら「ヘイ、パス!」「ヘイ、パス!!」と果敢にボールを要求するところが、微笑ましい。

ラウルセンは英語と日本語を交えながら笑いを誘い、常に朗らかなムードを作った。確かに、指導者も子供もサッカーを楽しんでいた。

＊ダメ出しばかりしていると、考えない選手ができ上がる

ドルトムント・サッカースクール世田谷校でラウルセンのアシスタントを務めているのが、中島・ファラン・パリスコーチである。1989年生まれの中島は、父親がイギリスとカナダのハーフ、母親が日本人である。日本で生まれ、4歳でイギリスに渡り、以後10年間当地で生活した。高校3年間は日本で暮らし、横浜マリノスのユースに属した。

「イギリスにいたので自然とサッカー好きになりました。現地の公立校に通っていましたね。

公園があったら、近くにいる子が集まってボールを蹴るような感じでした。年齢は関係なく、みんなサッカーをやります。兄もやっていて、一時期カナダ代表選手だったんですけど、彼の影響もありましたね。

最初にユニフォームを着たのは7歳くらいです。地域のチームで誰でも入れました。チーム数が多いので、上手い子は強いチーム、トップレベルのチームに集まります。移籍も可能なんですよ。こっちのチームで通じなかったら、他のチームで試合に出ることもできます。イギリスの場合は、早ければ16歳でプロ契約をします。義務教育が終わる16歳で、可能性のある子は学校に行かなくてよくなるんです。僕は中3の途中くらいで、父に日本のインターナショナルスクールに行けと言われました。学業をやめてしまうのは困るという判断でした。ちゃんと勉強して、日本の良さも学びながらユースに行けと」

中島・ファラン・パリス　コーチ

ヨーロッパ育ちの彼は、日本の指導法に違和感を覚える。

「イングランドと日本のサッカーは全然違います。イギリスはある程度の基本を身に付けたら、自分の好きにやっていいよ、となります。監督に『あそこで股抜きしたら、俺は拍手するよ』って、言われますよ。でも、日本だと怒られちゃうじゃないですか。イギリスは好きにサッカーして、自分で判断して、失敗したらまた後で話そう、みたいな感じです。『あの場面で、何でシュートを打ったの?』『ゴールが見えたから』『そうか。ゴールが見えたんだったら、しょうがないな。シュートが決まっていたら、監督は何も言えないよ。でも外れたから、こういう話になっているよね。次はどうするの?』みたいな会話になるんです。

日本の場合はシュートして外したら『オマエ、何であそこから打ったの? おかしいだろう』ということになりますよね。監督は、選手が何を見たのか、どう判断したのかを聞いてくれない。ただ間違いだっていうだけなんです。そういうのが、とてもやり辛かったですね」

日本では悶々と過ごしたが、デンマーク2部チームのテストを受け、中島はプロ選手となる。

「デンマークはゴールを奪ったら何も言わないです。日本の指導者は爪先でキックしちゃダメだなんて言うじゃないですか。そういうこともなかったですね。向こうは、爪先使っても、ボールが届くならそれでいいじゃん、っていう感じです。17～18歳から3年半、デンマークの2部リーグでプレーしました」

その後、香港1部リーグのサウスチャイナ、スペインの3部のCEヨーロッパでプレーし、再度日本の地を踏んだ。

「僕は日本スタイルも知っていますが、常々楽しむことと、自由な発想を大事にしてほしいと考えて子供たちと向き合っています。僕たちの教室はシュートを外しても文句なんか言わないです。だって、素晴らしいトライですから。また、子供たちに『ダメ』という言葉は絶対に使いません。選手は、目の前に起きることに対応しなければいけないんです。ひょっとしたら正解ではないかもしれないけど、自分で見て、自分で選ばないといけない。監督が何と言っても、グラウンドに立っているのは自分なので、自分が選択しないと。

例えばコーンを置いた練習も、コーンを敵だと思うのか、ただ回るかで大きく変わってくるんですよ。でも、違うとは言わないですね。言えないですよ。ダメ、ダメって言ってると子供は引いちゃうし、チャレンジしなくなっちゃい

練習前の風景

ます。考えない選手ができてしまうんですよ。日本は、こう、こうって指示された通りにしか動けない選手ばかりが生まれていますよね」

中島は幼児たちとのゲームで、何度かスライディングを見せた。すると、早速コーチの真似をする子供が現れた。

「ＥＮＪＯＹってことを日本人は知らないんです。喜怒哀楽も表さないじゃないですか。Ｓｏ Ｈａｐｐｙなのか、凄く怒っているのかも分からないですもんね。笑顔がダメみたいな文化でしょう。

よく『外国人は褒めたら伸びる。でも、日本人は褒めたら伸びない』なんて聞きますが、何で？ って思いますよ。日本の指導者は、ダメって言われても我慢して努力する子がいい、みたいに感じているようですが、それこそ間違ってるんじゃないかな。外国の選手って、信じられないところからシュートを打つでしょう。あれって、練習の時からやっているんですよ。『練習で1回決めたからやってみた』っていうメンタルなんです。可能性があるなら打ちますよね。そういうことを、幼い頃から覚えてほしいです」

＊本家ドルトムントと話し合って決めるカリキュラム

同スクールはカリキュラムの内容を、本家ドルトムントと話し合って決めている。Ｕ６で楽しさを、Ｕ８では基本的なボールを運ぶテクニックを、Ｕ10では１対１や自軍ゴールを守りながらボールを運ぶ技術を伝え、Ｕ12になると選択を全て選手に一任する。ゴールに結び付けるための組み立てや動きを、逆算して考えて指導する。従ってドリルよりもゲームが中心となる。

２０１５年初春、小学校卒業を控えたある日本人スクール生が短期留学して、本家ドルトムントの同世代チームに混ざった。彼は、ボールを持って蹴って運ぶという技術では圧倒的にドイツ人に勝っていたものの、肝心のゴールを奪うことができなかった。ドリブルやキープの際には、ボールを奪われないのに、いざ試合でここだという時の決定力がない。まさしく、日本の課題が露呈される形となった。

ドルトムントの育成年代では、定期的にシュートに拘ったトレーニングを行うそうだ。打つと決めたら、フリーの選手が前にいても『お前が打て！　お前が決めずに誰が決めるんだ』と徹底的に、選手にシュートを打たせる。パスコースがあったとしても、『いや、パスじゃない。お前が打つんだよ』とコーチが告げる。

同スクールでも、ゴールへの意識により拘った教えを心がけていくそうだ。日本には、あまり見られない指導である。そのうえで、子供たちが浮かべる笑顔が印象的だった。

第3章　ACミランの少年育成

——「最も肝心なのはメンタルです」

「カテナチオ」と呼ばれる堅い守備で、ワールドカップ優勝4回、準優勝2回の成績を収めるイタリア。現日本代表の顔である2人がプレーし、三浦知良もワンシーズン挑戦し、最盛期の中田英寿が己のキャリアを築き上げたセリエA。

当地のミラノを訪ねることにした。

＊「海外に行かなければ身に付かないもの」とは?

キング・カズこと三浦知良が日本サッカー協会のアンバサダーとしてブラジルを訪問した。ブラジルで催されるワールドカップを、日系人と共に盛り上げようというものである。出発の前週に行われた記者会見に筆者も出席した。

流石《さすが》にカズはインタビュー慣れしており、淡々と質問に答えた。

「横浜FCの試合もありますし、どういう立場で何をやるんだろうというのはありましたけど、高円宮妃殿下が出席する日系人とのイベントに、このワールドカップの時期に参加できるということは、僕自身にとっていいことだなぁと。僕がブラジルでプロでやっている時に、日系の方たちが、いつも応援してくれて、サポートしてくれていたので。そういう意味では、今回開かれるワールドカップに日本が出て、なおかつ日系人の方たちも凄く応援してくれていると思うので、こういう時期に行けるというのは素晴らしいことだなと思っています。何かできるといいな、と思いましたね」

「僕がブラジルに渡ってから32年経つんですけど、32年後に日本代表がブラジルワールドカップの初戦の地に立つというのを目にできるのは、非常に楽しみです」

スポーツ紙の記者が「代表選手たちもカズさんの存在が励みになる。少しでもいいから直接会話したいと話しているようですよ」と話し掛けると、「ありがたいですね。でも、こういう時期にざわつくのは、あんまりいいことじゃないので、個人的に連絡して励ましてもらいたいです。僕のほうがですよ」と笑いを誘った。

高校を1年で中退してブラジルに渡り、自身の道を築いた男。彼がワールドカップ本大会のピッチに立つことは叶わなかったが、日本が同大会に出ると言っただけで嘲笑された時代に選手の意識を変え、日本にサッカーを根付かせた第一人者であることは、今更説明する必要もないだろう。

そんな彼に、私は質問した。

――今、振り返って、ブラジルがカズさんに齎したものとは何ですか？

カズは言葉を選びながら、丁寧に答えた。

「齎したもの……、そうですね。大き過ぎて、もうホントにサッカーのことに関してもそうですし、僕は15歳から23歳までいて、所謂《いわゆる》、高校から社会人になるまでくらいの時期だったんですよ。そんな中で……一番、多感な時期で。もちろん、僕は、日本人的な考え方も凄くあるんですけど、やはり思考というか、前向きというか、何というんですかね、あまり暗くならないというかね、前向きに進んでいけるというか、サッカーのことに関してはね。当然プロとして生きていく必要なことだったり、人間としてのその……日本人なんですけど、ブラジルで見る日本人のいいところ、ブラジル人のいいところ。または、日本人の悪いところ、ブラジル人の悪いところ。違う視野で自分が見られた。一番多感な時期にそういうのを見られて、いいとこ取りっていうか、自分が吸収できて学べたっていうのが、凄く大きいんじゃないかなと思いますね」

さらに訊ねた。

――今日、若い選手がどんどん海外に渡ってプレーしていますね。海外に挑んでいく日本人選手にとって、鍵となるものは何だとお感じになっていますか？

私自身、27歳から13年半、アメリカ合衆国で生活し、計り知れない財産を得られた。自分を作ったのはアメリカであったと言い切れる。とはいえ、外国人として生きる厳しさを味わなかったといえば嘘になる。だからこそ、プロサッカー選手の開拓者である彼にそうしたクエスチョンを投げかけてみた。

カズは私の目を見ながら応じた。

「いやぁ、一つっていうのは難しいですけれど、その時その時の人との出会いもありますけど、やっぱ本人がどこまでその国のコミュニティーに入っていけるかってことは大事なんじゃないですか。日本人とかそういうことじゃなく、国際人として入っていけるかどうかっていう。固定観念みたいなものを捨ててというか、振り払って、新しいものを得るために入っていけるかっていうことは凄く大事なんじゃないですかね」

この日の記者会見は、〝囲み〟と呼ばれる短いものであった。だが、私はこの2問を訊くことができただけで、ある種の充実感を覚えた。

カズは「念のため、スパイクと脛《すね》当ては持っていきます」と取材陣を笑わせ、会見を締め括った。

私より2歳年上のカズは、幼い頃からブラジルに憧れを抱き、ボールを追い掛けていた。少年時代のアイドルは、ブラジルの背番号11（後に10）リベリーノであったという。現在のサッカー少年が本田圭佑や長友佑都、香川真司を見詰めるように、カズの目は地球の裏側に向いていた。視点を変えれば、日本にはカズが求めるサッカーが無かったということである。年子の兄、泰年は全国高校サッカー選手権大会出場を目指し、ユース代表や国体で活躍していたが、カズはより高い目標を定めていたのだ。

奥寺康彦がブンデスリーガーとして活躍していても、カズにはブラジルしか映っていなかった。

「日本にいても勝負はできない」

こうした思いは、現代の選手たちにも受け継がれていく。

日本代表が初めてワールドカップの出場権を得た一戦で、劇的なVゴールを決めた岡野雅行ガイナーレ鳥取GMは、1998年のフランス大会を終え、「Jリーグではなく、海外に出てギリギリの戦いをしないと世界には絶対に追いつけないと思いました」と語った。

また、2002年の日韓大会、2006年ドイツ大会、2010年南アフリカ大会と3度のワールドカップに出場した稲本潤一は、1999年のワールドユース、ナイジェリア大会の決勝でスペインに0対4で敗れた折、「このまま日本にいても、スペインとの差は埋まらない」と感じ、レギュラーが約束されていたガンバ大阪を去り、プレミアリーグの名門、アーセナルに移籍する。試合にはほとんど出場できなかったが、各国の代表選手と日々の練習を重ねることで己を磨き、日韓大会でブレイクするのである。

日本の一流選手たちが異口同音に唱えた「海外に行かなければ身に付かないもの」とは何なのか？　私はその答えをイタリアに求めた。まずは、セリエＡを代表する人気チーム、ＡＣミランの広報に、若年層の練習と育成法を見せてほしいと頼むと、思いのほか簡単にＯＫがもらえた。

＊至れり尽くせりの環境

本田がプレーするＡＣミランとは、セリエＡ優勝18回、コッパ・イタリア優勝５回、ＵＥＦＡチャンピオンズリーグ優勝７回等を誇る世界的な名門チームであることは読者の皆さんもご存知であろう。

ミラノ市内を走る地下鉄の最南端駅、「アビアテグラッソ」から徒歩で25分。プーマの工場横に、19歳以下の下部チームのトレーニング場「CENTRO SPORTIVO P. VISMARA」がある。

ＡＣミランジュニアで最も若いチームは８歳。無論、ＡＣミランのユニフォーム、及び練

AC ミランジュニアのトレーニング場

トレーニング場のエントランス

このような６面のピッチを備える

習着に袖を通せるのは選び抜かれた精鋭のみである。８歳から19歳まで、各々のチームがおよそ25名で構成されていた。

ミラノ市内からやや離れた場所にあるとはいえ、華美で広大な設備に目を見張らされる。総面積は23万平方キロメートル。天然芝、人工芝、合わせて6面のピッチを備え、室内にもサッカー場、バスケットコート、バレーボールコート、トラック、筋肉トレーニング場、更衣室が完備されている。

どの芝も手入れが行き届いた美しいもので、センター内にもゴミ一つ落ちていない。日光に照らされたグリーンが眩しい。練習前にコーチたちがピッチに黄色いマーカーを並べると、それが芝に映える。まさしく、至れり尽くせりの環境だ。日本では、とてもここまでの施設を揃えられないであろう。

私が訪れた日は15時半より19歳、18歳、11歳のチームが、17時より9歳のチームがそれぞれのピッチでトレーニングしていた。２００２年生まれの11歳（取材時）チームを見学することにする。彼らに与えられたピッチは人工芝であった。

＊コーチ一人につき選手は7〜8名

飛び級した２００３年生まれの少年を１人交えて、25名がメンバーだという。ＧＫの２名はフィールドプレーヤーと分かれ、キーパーコーチが付きっきりで指導していた。ハイボール、グラウンダーのボールをコーチがかなり強く蹴り、キャッチする内容である。よほどの場合でない限り、パンチングではなく、キャッチしろ、と指導していた。

フィールドプレーヤーは３つのグループに分けられた。走り込んでパスを受け、味方が最も受けやすいところにパスを出すメニューが始まる。自分から味方までの距離は10メートル

GK の練習風景

とにかくコーチの数が多い

ほどである。

特筆すべきは、グループごとにコーチが厳しい視線を注いでいた点だ。指導陣の多さが印象的である。コーチ一人につき選手7~8名なら、細かく、丁寧に指導できる。ボールを受ける際のサイドステップやバックステップ、首の振り方、ボールを出すタイミングなど、一つひとつコーチは見本を示した。コーチも選手も非常に強いボールを蹴る。

思いのほか黒人選手が多い。イタリアのスポーツ紙で最も権威があり、最大の売り上げを誇る『ガゼッタ・デロ・スポルト』のACミラン番記者、アレッサンドラ・ボッチは「イタリア人で伝統を重んじるタイプの選手、例えばリッカルド・モントリーヴォ、ダニエレ・ボネーラ、イニャツィオ・アバーテらは外国人選手とあまり仲良くしようとしない」と打ち明けたが、この年代にも目に見えない人種の壁が存在するのだろうか。

80年代の後半から90年代前半にかけてＡＣミランは全盛期を築いた。当時の主力選手といえば、真っ先に３名のオランダ人――ルート・フリット、マルコ・ファン・バステン、フランク・ライカールトが挙がる。フリットとライカールトはスリナム系の黒人であり、いかに類稀な力量を持ち合わせても、クラブ、オランダ代表共に人種間の火種を抱えていたとされる。あるいは、83年から95年までイングランド代表選手としてプレーし、79の代表キャップを誇るジョン・バーンズも、黒い肌を持つことでブーイングを浴び、客席からバナナの皮を投げつけられたことがあった。

無心にボールを追う少年たちの姿を見詰めながら、私は人種間の微妙な歴史について思いを巡らせた。

＊いかに上手く味方を使うか

厳選された少年ばかりなだけに、どの選手もボールタッチが柔らかく、ボディバランスがいい。彼らにとっては基礎練習なのであろうが、コーチの要求は高く、集中力がまったく途切れない。少年たちは15分もするとシャツに汗が滲み、息が荒くなった。

かなり負荷のかかる、11歳チームの練習

11歳チームの面々。トップチームに上がれる子は何人いるか？

　やがて給水時間があり、10メートルほど離れた地点に横2・5メートル、縦2メートルほどのゴールが2つ置かれ、1対1が告げられた。1人が相手にパスを出したところで1対1は始まる。どの少年も、さらにシャツを汗で変色させながら激しく食らいついていく。そこにプライドのぶつかり合いを見た。

　己がボールを奪われた折、あるいは倒された際、少年たちは鬼のような形相になってボールを取り返しに行く。勝ちに拘ることを体で覚えさせているように見えた。何度も勝負を繰り返した後、フリーマンを入れての1対1となる。ボールを持った選手がフリーマンにパスを出すと、その彼は味方になる。いかに上手く味方を使うかを意識させるのだ。

　たった3種類のメニューで1時間以上が経過し、選手たちはかなり疲労していたが、コーチはさらに負荷をかけていく。５対５をやらせ、疲れていても走り切ること、へバりそうなところから、もう一歩動くことを求めた。戦うメンタルを養うトレーニングでもあるようだ。

８歳から既に３年間鍛えられているだけあって、11歳の彼らはポジショニングがいい。味方がボールを失いそうになったら、あるいは敵に囲まれたら、直ぐに寄っていってパスをもらう。味方がボールをキープすると、必ずその選手を外側から追い越して、パスを要求する。この年代にして、ここまでサッカーを知っているのかと唸らされるシーンが多々あった。

圧巻だったのは、自分がマークする相手に対して、わざと遅れて振り切られるふりをして、敵が抜いたと思った瞬間に体をぶつけてボールを奪う駆け引きをした少年がいたことである。イタリアサッカーの歴史を見せつけられたように感じた。

11歳チームのトレーニングは平日に３回、およそ２時間。そして、週末はリーグ戦や練習試合だという。

同チームの練習が終わった後、私はカメラを片手にピッチに入った。英語が話せる選手は１名のみ。その彼に通訳をしてもらって尋ねると、「イタリア代表に入って、ワールドカップに出ること」が全員の夢であった。もっとも、彼の英語もパーフェクトではなかったので、ひょっとしたら「ワールドカップ優勝」と言いたかったのかもしれないが。

＊1対1を繰り返す

２００４年生まれの９歳（取材時）チームは、11歳チームが行っていたパス練習の時間をリフティングに充てていた。２歳の差は体格と比例していたが、ボール扱いのレベルは変わらないように見えた。る。このカテゴリーも、1対1を繰り返した。途中から、相手の5メートルほど横にパスを出し、トラップした瞬間からの1対1となった。

20分ほど1対1を行うと、給水させ、再びリフティングで息を整える。しばしの休憩の後「クリスチアーノ・ロナウドみたいにやってご覧」とコーチが言い、テクニシャンとして鳴らしている少年が、マルセイユルーレットという技を披露した。そして、さらに激しい1対1となる。

リフティングを行う9歳チーム

9歳チームの1対1。2名のフリーマンが加わる

各々が憧れの選手の真似をしながら、激しく相手とボールを奪い合う。体の入れ方が巧みだ。このチームも個に拘るメニューをこなした。11歳チームほど長くはやらなかったが、一通りこなすと、オレンジとブルーのビブスを着た２名のフリーマンが１対１に加わる。ボールを持つ選手は、どちらのフリーマンにパスを出してもよく、出したところで味方となった。やはり、いかに周囲を生かし、自分も生きるかをテーマとした練習である。

ほどなく日が暮れ、あっという間に２時間が経過して練習は終了した。一つひとつのメニューにかける時間が長いというのが私の印象である。

＊「最も肝心なのはメンタル」

２チームの練習を見学した後、Ｕ14のスカウティング・マネージャーであるマウロ・ビアンクシィ（50歳・取材時）に話を聞いた。世界一強かった時代からＡＣミランで働いてきた男である。37年間、サッカーの世界で生きていると言った。

「ミランのユニフォームを着せるために、２０００人以上の子を見ます。合格となるのは、２０００分の１の割合ですね。とにかく才能を見ます。ボールを持って何ができるかをね。スカウトする時、センターバックだったらフィジカルの強さが必要になります。キーパーやストライカーも体の強さは大きな判断材料です。他のポジションは技術のクオリティー、足の速さ、判断の速さ、動きの速さを重視します。ただ、最も肝心なのはメンタルです。プロになれるのは、厳しい目でスカウトしてもほんの一握りなんですよ。プロに育つ子はセリエBも含めて25パーセントに満たないのが実状です。各チーム20人強ですから、毎年絞られていく訳です。

マウロ・ビアンクシィ　スカウティング・マネージャー

ACミランは、CENTRO SPORTIVO P. VISMARAも含め、10カ所のテクニションセンターで子供たちに技術を教えています。ミランの一員になった子は、プロ下部組織の選手として接しますので、会費等は一切かかりません。スタッフには医師、心理学者がおりますし、勉強の成績も必ずチェックします。家庭に問題があれば、できる限り援助しますね。食費を負担したり、親に仕事を斡旋することもありますよ。8、9歳のチームは週に2回の練習に、土、日が試合。週に4回の活動ですね。休日の3日は勉強してほしいし、他のスポーツをやってもいい。水泳なんて体を作るのに適していると私は思っています。私たちの目的は一人でも多くの子をプロに育て上げることであって、目の前の大会に勝つか負けるかで一喜一憂はしません。

下部組織とは別に180校のサッカースクールで子供たちにサッカーの喜びを伝え、普及に努めています。週に3回行うスクールで光っている子に出会うことも何回かはありました。今後は、ヨーロッパ各地でより広くセレクションを行っていく予定です。簡単な仕事ではありませんが、トライしていきますよ。マネージャーはビジネスと同時に教育者にもならなければいけません。預かった選手をとにかく幸せに導いてやらねばいけない。

一度でもミランの一員になった子は、ここで続けられなくなっても、彼に合ったチームを紹介するようにしています。2000年生まれのチームは8歳でスタートして以来、『来季、ウチのユニフォームを着るのは難しいけれど、○○でなら続けられると思うよ』と告げて移籍した選手が5名います」

＊学ぶスピードの速い選手が伸びる

ビアンクシィに私は訊ねた。

――成功する選手に共通するものを感じますか？

彼は数秒間頭に手を置き、呟くように答えた。

「伸びていく選手、成功するタイプというのは、とにかく学ぶスピードが速いですね。何かを得ようと、いつも考えています。情熱と決意を持ったタイプしか成功できないですね」

イタリアサッカーの底力を垣間見る思いがした。とはいえACミランに属せるのは、述べるまでもなくエリート中のエリートである。それでも75パーセントはプロの道を諦めねばならないのだ。2013－14年シーズンの最終戦に登録された選手23名のなかで、ACミラン下部組織から上がった選手は3名のみだった。

若き才能たちのための送迎バス

世界的なビッグクラブである赤と黒のユニフォームを纏《まと》う男たちは、イタリアはもちろん、それなりの結果を残して他国から移籍していた。ミラン下部組織における倍率とメンバーのキャリアを考えれば、日本で育ち、トップチームに名を連ねる本田圭佑がどれだけ険しい山を登ったのかが分かる。

「ミランは低迷期に入っていますが、必ず輝きを取り戻しますよ。そのためにも若い世代を鍛えていかねばなりません」

と、ビアンクシィは結んだ。

「CENTRO SPORTIVO P. VISMARA」の正門から6面のピッチとクラブハウスまでは徒歩で7分ほどかかる。帰り道、正門に向かって歩いていると、6台のバスが選手を待っていた。観光バス規模の大きさである。ここで汗を流すことを許された少年たちを学校や自宅へ送迎するために、チームが用意したものである。

タバコを咥えながらバスの外で選手を待つ運転手たちは、若き才能に羨望の眼差しを向けていた。

第4章　インテルの少年育成

――「一つひとつのプレーに気持ちの強さを見せてもらわないと、プロの世界では生き残れません」

長友佑都が在籍するインテルナツィオナーレ・ミラノが誕生したのは、１９０８年。ACミランから袂《たもと》を分かち新チームとして始動した。当時、ACミランの首脳陣は、外国人選手の加入に難色を示す者が多く、特にスイス人プレーヤーは微妙な立場に置かれていた。そんな幹部連中に対し、サッカー界は国際化すべきだと主張する43名がインテルを立ち上げたのである。以来、ミラノにある2チームはライバルとして並存してきた。ミラノダービーがヒートアップする背景には、こうした歴史がある。

インテルの下部組織にも練習を見学させてほしい、と告げると、ACミラン同様、即OKの返事をもらえた。指定された場所はミラノ市内を走る地下鉄、M3の Affori Centro 駅から、徒歩15分の練習場「Centro SPORTIVO G. Facchetti」である。5面のピッチを、15歳から19歳の5チームが分け合って使っていた。

＊チェックするのはテクニック、人間性、スピード

ACミランの下部組織は、8歳チームから19歳チームまで7カテゴリー全てが同じ場所でトレーニングしていたが、インテルはミラノ市内の3カ所に施設を持ち、カテゴリー別にト

レーニング場が分かれていた。

15歳チームの監督、ステファンド・ベイリンザーギにインテルの育成法を訊ねる。彼は8シーズン、ジュニアユース世代の指導者を務めている。ACミランが8歳以上の各カテゴリーを25名の選手で構成しているのに対し、インテルは8歳から10歳までは15名から18名、11歳から12歳が18名から22名、13歳以上が20名から25名と、より厳しく選抜していた。

「インテルも最年少は8歳です。我々の組織には3つの部門があります。ざっと述べれば1にスカウティング、2に育成トレーニング、3でプロへの契約ですね。

インテル下部組織の練習場の一つ

スカウティングとは、まさしく才能の発掘です。イタリアには20の州がありますが、インテルは3地域に分けています。ここミラノはロンバルディア州地区で、同エリアには15名のスカウトを置いています。我々は25のアマチュアクラブと提携しており、常時インテルに入れそうな選手の情報を仕入れます。25チームのコーチとは毎週のように話す機会を設け、試合のレポートをもらいます。またミラノ近郊に6つのトレーニングセンターを持っており、アカデミーを展開しています。その6つのアカデミーで光る子、我々の目に適った子を、このようなセントラルアカデミーに連れて来るのです」

つまり、小学校低学年時からプロが目を光らせ、才能のある子を捜し求めているのだ。まず、6つのアカデミーに通えるレベルの選手を発掘し、より光る少年を中央で育成するのである。

「我々が見るのは、テクニック、人間性、スピードです。テクニックは自信を持ってボールを扱えるかどうか。人間性は、きちんとした立ち居振る舞いをできるか否か。プレーはもちろん、判断力、発想、ひらめき、動き出し、フィード、戻る、カバーなど全てにおいてスピードがあるかどうか。14歳以下のロンバルディア在住選手は目を付けますよ。ただ、イタリアの法律で14歳にならないと親元から離して他の地方から呼んではいけないんです。だから、どうしても選手は生まれ故郷のチームに入ることになります。16歳以上は、どこの国からでも採れるんですが」

大多数がカトリック教徒であるイタリア人は、親と共に日曜日に教会に通い、礼拝後に教会の広場や公園でサッカーを覚えるケースが多い。礼拝後は親たちの草サッカーも盛んに行

ステファンド・ベイリンザーギ

われている。子供たちは親の影響を受け、まず地域の仲間とボールを蹴るのだ。

６歳から教会でのリーグ戦が始まり、自信のある子は、８歳にしてクラブチームの試験を受ける。プロ、アマチュアとそれぞれが独自の育成法を持っている。インテルのスカウトたちは教会リーグにも足繁く通って、次世代のプレーヤーを追い求める。

「正確には数えていませんが、セントラルアカデミーに入り、インテルのユニフォームを着る子は、２０００～３０００人に１人の割合でしょう」

ベイリンザーギはオフィスの窓から外を指差し、言った。

「14歳以上の選ばれた子、40名弱が、あの寮で生活しています。セントラルの選手だからこそ、寮で預かれるのです。寮から学校に通い、トゥーター（プライベートレッスンをしてくれる教師）を呼んで教育を受けさせたりします。18歳、19歳の寮には、１人のトゥーターですが、若い子たちの寮には大勢いますよ。心理学者にも来てもらっています、選手全員をフォローしていますから。例えば学校で数学の成績が悪い、という子がいたら、数学のトゥーターにマンツーマンで見てもらいます。人間としても立派になってほしい、といつも願っていますし、きちんとした人間に育てるのが我々の責任でもあります」

＊各年代に求めること

では、預かった若きタレントには、どのようなトレーニングメニューを与えるのか？

「まず、8歳から10歳によって構成されるプルシーニですが、チームの目標として掲げているのは、基礎を身に付けたうえでダイナミックなプレーを見せる、ということです。大胆な発想を持ちなさい、と。基礎とはボールを蹴る、止める、意のままにドリブルできるといった技術です。まずは、簡単なメニューを組みますね。一列に並ばせ、音楽に合わせてボールにタッチさせ、フェイントも入れ、体の向きを変える練習などを繰り返します。とにかく数多くボールに触らせ、自信を持ってボールを扱えるようにさせますね。

また、この時期は7対7のゲームをやらせます。11対11では、ボールを触れない状況が頻繁に出てしまいます。ですから、最初は自分の技術を活かせる7対7がいいんです。1年が終わる頃に、9対9に移行していきます。ボールタッチも楽しく、スピーディーに行えるようメニューを考えます。ゲームはとにかくエンジョイできることを念頭に置いています。この年代には、サッカーをする喜びを感じてもらいたいですから」

次の年代である11歳から12歳のエソルディエンティーは9対9のゲームを重ね、年度の終わりに11対11を経験するようになる。

「この年代は、チームメイトとのハッキリした連携を求めていきます。練習メニューも、個人技に加えてグループテクニックに時間をかけます。ゲームは９対９ですね。楽しむことを忘れずに、さらに伸びてほしいと考えています。技術を磨く練習、ゲームを意識した２対１や３対２、そしてミニゲームを繰り返します」

日本のジュニアユースにあたる13歳から14歳のクラスは、ジオヴァニシーミと呼ばれる。

「エソルディエンティーで磨いた連携プレーをより高めます。この段階からスピードアップを要求しますね。テクニックも基礎力を上げ、どんどん仕掛けていくことを覚えさせます。そして、チームメイトをいかに使うか、及びボールポゼッションのトレーニングを加えます。テクニック練習、ゲームを想定した３対２、４対２、５対３、仲間とのコンビネーション、11対11のオールコートゲーム、ハーフコートゲームをメニューにしています」

15歳、16歳のアリエヴィの狙いは、ジオヴァニシーミ時代に身に付けたことを発展させることである。とはいえ、ベイリンザーギは目標をシンプルなものとしていた。

「スピードと我慢、基礎と仕掛けるテクニック、個人・チーム戦術の３つのみです。早熟な子はもうプロのトップチームに引き上げられていく年齢ですね」

17歳のベレッティ、18〜19歳のプリマヴェーラが目標とするものも〝さらなる追求〟であると語った。

「スピードと我慢に、体力と精神的な強さを足します。基礎と仕掛けるテクニックの重要度は、アリエヴィとまったく同じです。20歳までにプロ契約できないと、サッカーで食べていくのは難しくなりますから、肉体的、精神的な強さを求めます。こうした強さを、チームとしての戦い方と試合で発揮してもらいたいのです。ボールを使った練習メニューは前の年代と変わらないのですが、**一つひとつのプレーに気持ちの強さを見せてもらわないと、プロの世界では生き残れません**。徹底するのはボールを見る、動きながらボールを見る、そしてボールに寄る、という一連の動きですね。

この年代で筋力トレーニングがスタートします。インテルでは16歳までは軽く、初級者としての筋トレでいいと考えています。

我がチームは伝統的に、ショートパスを繋ぐサッカーをします。それが選手にとって最も戦いやすく、ゲームをクリエイトできるスタイルだからです。ワンタッチ、2タッチの速い展開も求められますね。いつも、トップに繋がるように若年層から育成していますよ。言うまでもありませんが、一番に考えるのは、選手を育ててトップチームに上げることです」

＊育てた選手を売るビジネス

インテルの下部組織が築いた3つの柱のうち、最後にあたる「プロへの契約」。インテルのユースからトップチームに昇格した場合、下部組織にカネが支払われることはないが、他チームでプロになった場合は、選手が新たに契約したチームからインテルのユースにいくらかの金額が支払われる。

この6年間で、インテルは、8100万ユーロの利益をあげている。その筆頭は、現在イタリア代表チームで背番号9を着る、マリオ・バロテッリである。バロテッリがマンチェスター・シティーに入団した折、インテルは3000万ユーロを受け取った。

「バロテッリは15～16歳の時にここに来ました。よく覚えていますよ。うちのスカウトの目に留まったんです。パレルモ生まれで、北に引っ越し、ルメザーニのユースチームでやっていました。初めて見た際、もう数秒で『この子はプロになるな』と分かりました。他の子とはレベルが違いました。ちょっとクレイジーなところがありますが、抜きん出た存在でしたね。

育てた選手を売る。非常に大きなビジネスです。8100万ユーロを生み出すことも、ビジネス面の目標ですね。同数字はセリエAでベストグループに数えられるでしょう。過去6

年間で、51名がインテル以外のチームでプロになりました。選手が最も活躍できるチームを探してあげる。能力があっても、セリエAではチャンスが少なそうな場合、セリエBを紹介し、キャリアを積ませます。インテルはセリエAのトップクラブですから、ここで続けられないと判断される子も、下のリーグやアマチュアクラブを探します。『成長したら、また戻っておいで』ってね。

正確なパーセントは出していませんが、セリエCを含めば、アカデミーで預かった子の半分くらいは、プロになっているんじゃないかな。プロになれないまま終わっても、どこかでサッカーを続けていますよ。イタリアは9つのカテゴリーがあって、それぞれチャンピオンシップがありますから、そこでプレーすればいいんです。誰だってどこかに所属できます」

ベイリンザーギは、9つのカテゴリー全てを口にした。セリエA、セリエB、セリエC、ここまでがプロ。しかしながらセリエCでは生活できないという。そして、アマチュアのセリエD、エチェレンサ、プロモトシオーネ、プリマカテゴリア、セカンダカテゴリア、タルサカテゴリア。

彼は「あなたも、どこかでプレーしたいのならできますよ」と笑った。

ベイリンザーギにも、ACミランのコーチに対してぶつけたものと同じ質問をしてみた。

「成功する選手の共通点？　一つじゃないですね。難しい質問だな……。**いい選手は、テクニックと人間性を備えていますね。我々はトレーニング過程で、テクニック、フィジカル、勉学、そして人間性を磨くこととしています**」

サッカー・テニスの様子

＊「本当の才能は心」

インタビュー終了後、プリマヴェーラ（18〜19歳）の練習を見学した。8名は、軽くジョギングした後、サッカー・テニスを行った。他の16名はハーフコートでの8対8を始める。ベイリンザーギが話したように、パンパンパンと、細かいパスがダイレクトで繋がる。一本一本が速く、強い。そして、ゴールまで少しでもコースが空いているなら、誰もが必ずシュートを放つ。強引にでもゴールを狙っていく姿勢こそ、日本のサッカーに足りないものであろう。シュートを打てる場所からパスを選ぶというシーンは、けっして見られなかった。その一方で、ボールを追うディフエンスの寄せが遅れることも絶対にない。

プリマヴェーラの第3コーチが、私の傍に歩み寄ってきた。

「チェコ、ペルー、ルーマニア、セネガル、ガーナといろんな国の選手が激しく戦っているよ。もちろん、才能のある子が集まってくる。でもね、それだけでプロになるのは無理だ。**本当の才能は心と言っていい。日々、自分を磨き続けられる者、努力を積み重ねられる者だけが生き残れるんだ**」

彼は努力家の代表として2名の選手を挙げた。1人は2014年5月18日に19年に及ぶインテルでの生活に幕を下ろし、40歳まで現役選手として活躍したハビエル・サネッティである。アルゼンチン代表として2度のワールドカップを含む145試合に出場し、引退までインテルでキャプテンマークを巻いた男である。

「サネッティは自分を律すること、そして己を捧げることが分かっていたね。母国のチームでは、ジオヴァニシーミ時代に解雇されたんだよね。それでも、自分の課題を一つひとつクリアしていった。セリエAで600試合以上、プロで通算1000試合以上だっけ？　そんな鉄人のような記録は、彼の心が築いたものさ。イタリア人の血を引いているとはいえ、なかなか異国籍の選手がセリエAでキャプテンを務めるのは難しい。それでも、インテルのキャプテンはサネッティしかいないと誰もが感じていた。選手だけじゃなく、我々スタッフもだ」

コーチが挙げた2人目は、長友佑都であった。

「彼は決意を持ってインテルのユニフォームを着た。サネッティという最高のお手本が傍にいたことが良かったのかな。とにかく吸収するスピードが速い。どんどん力をつけていった。もはや、チェゼーナ時代とは別人と言っていい。結果を出しながら、自信を深めていったね。今や、インテルを代表するプレーヤーに成長した。プリマヴェーラの選手たち皆が、羨望の眼差しを向けているよ」

*強く、速いパス

コーチは5分ほど私と会話すると、コーンを置きながらピッチ内を歩いた。ゴールに向かって3つのコーンが横に並べられ、左サイドからはコーンに向かってドリブルし、内側に切れ込んでシュート。真ん中は壁にボールを出し、リターンパスを受けてシュート、右サイドは壁にパスを出し、走り込む方向にダイレクトで叩いてもらってセンターリング、それを左サイドの選手がヘディングで合わせる、というメニューが課せられた。

プロ予備軍の彼らは正確にボールをコントロールした。シュートは鉄則通り、必ず逆サイドを狙う。相変わらずパスは速く、強かった。しばらくすると、右サイドと左サイドの役割が変わった。ガーナ人である黒い肌をした細身の選手は、左サイドから何度もラボーナ（蹴り足を軸足の後ろから回して蹴るテクニック）でセンターリングを上げた。バランスが良く、動きが動物的だ。刈り上げた頭髪から汗が滴り落ちる。自分がクロスボールに飛び込む番になると、空中に飛び上がって鞭のように体をしならせ、ヘディングシュートをネットに突き刺した。一連の躍動が美しかった。

シュート練習が終わると、ハーフコートでの11対11となった。ボールをもらう前の動き、展開、全てが流れるように移っていく。選手たちは、首を振り常に周囲を見て動いた。一つのプレーが終わると、即、次のプレーに移り、集中力が切れない。間がない。ボールを持てないチームも、激しく体を入れ、戦う姿勢を見せた。状況判断のスピードが目を惹く。

途中に何度か給水する時間をとったが、2時間の練習メニューは、8対8、シュート練習、11対11のわずか3種類であった。3種類を集中して、密度を濃くこなすのだ。なるほど、ショートパスを繋ぐサッカーが徹底されていた。

＊長友の姿を思い起こさせるオーバーラップ

そして私は、ベイリンザーギが率いるU15のトレーニングも見学した。まずはウォーミングアップで、６対２のボール回しをやり、選手の体が温まると、フリーマンを１人入れての５対５となった。ピッチの４分の１ほどのスペースで、息をつく間もない展開が続く。判断力の速さを追求しているかのように見られた。

インテルの下部組織はトライアウト（日本で言うセレクション）を行わず、スカウトしてきた子を練習に交ぜてみるそうだ。このレベルについていけるのなら、本物であろう。15歳であるから、まだ華奢な体をしている選手もいたが、各々がボールを持った時に自らの意思をしっかりと示せた。

ベイリンザーギは、ボールを奪い損ねた１人に対し、身振り手振りで体の入れ方を教えた後、「トラップした瞬間に、相手に自分の体を寄せておけ」とアドバイスした。

５対５を30分ほどこなすと、15歳チームは２グループに分けられた。ピッチ半面ではGKを入れた５対５を、逆サイドの半面では、ロングパス、クロスボールからのシュート練習が始まる。

まず、ハーフライン上の右サイドから中央へ横パスが出される。受けた選手は左サイドの

練習風景

選手を思い切り縦に走らせ、折り返しのクロスボールを要求する。そして、最初にパスを出した選手と、そのパスを受けた２名がゴール前に走り込んでシュート。右サイド、左サイドからの展開が１度ずつ交互に続けられた。

しばらくすると、最初の横パスが短い距離となり、２本の横パスから縦パス、大外の選手を走らせ、センターリング。そのボールに２名が詰めるという練習に変わった。大外のポジションに入る選手も、１本目、２本目の横パスを出した選手も、30メートル前後を全速力で走る。そして、「このタイミングで出せ！」と、受け手と出し手のコンビネーションが求められた。同メニューはおよそ30分、続けられた。

次にベイリンザーギはハーフライン上の左サイドから約５メートルのショートパスを横に出させ、そのパスを受けた選手が大きく右サイドにロングパスを送った。そして、３人目の選手がトラップした瞬間に、４人目が右サイドのライン際を走り、３人目を追い越してボールを受けクロスを上げる。これを中央で待ち構える２名がシュートする、というメニューを与えた。

どのタイミングで味方を追い越すのか、どこでもらってクロスに繋げるか。トラップが大きかったり、パスが悪い場合は、逆サイドに展開させた。果敢にオーバーラップを仕掛ける長友の姿を思い起こさせる内容であった。

最後にハーフコートで11対11が行われ、２時間強のトレーニングは終了した。効率的で無駄がなく、チームのカラーを若年層にも理解させるメニューだ。長友佑都は、こんなハイレベルな集団のトップに名を連ねているのかと思うと、鳥肌が立った。

第5章　サッカーの街・埼玉県旧浦和市
――「選手を見極めることが指導者として一番大事」

日本の少年たちが野球で遊んでいた時代から、市民にサッカーが染み渡っていた埼玉県旧浦和市。Ｊリーグ創設当初は毎年最下位争いをしていたものの、サポーターの後押しもあり、浦和レッズはビッグクラブに成長した。

その浦和で少年時代から頭角を現し、プロ入り時には迷わず地元チームを選び、さらには引退後もレッズで後輩を指導する池田伸康コーチに話を聞いた。

＊浦和レッズのカラーとは？

Ｊリーグ随一のサポーターを持つ浦和レッズ。２０１４シーズンは2位に最大7点もの勝ち点差を付け、8年ぶりの優勝を手中に収めかけた。が、終盤に失速し、ガンバ大阪の猛攻に屈する。その悔しさを胸に、２０１５シーズンのファーストステージは、無敗で優勝を飾った。

日本サッカーがプロ化する前から、埼玉県旧浦和市にはサッカーが根付いていた。浦和高校、浦和西高校、浦和市立高校（現・さいたま市立浦和高校）、浦和南高校と、市内のライバルが入れ代わり立ち代わり全国大会を制した。鎬《しのぎ》を削った各校は、いずれも公立であり、いかにサッカーの技量に優れていても、無試験でパスできる訳ではなかった。

Ｊリーグが産声を上げようとした折には、「是が非でも、我が街にプロチームを」と市議会議員が本田技研や三菱重工などの企業を訪問している。昨今のレッズ人気の陰には、そんな歴史が隠されている。

２０１４年12月6日、優勝を逃したミハイロ・ペトロヴィッチ監督には、最終戦後の記者会見で、こんな質問がぶつけられた。

「主力メンバーのほとんどはサンフレッチェ広島から移籍して来た選手ですが、それが浦和のカラーと言えますか？」

確かに監督、ＧＫ、２人のＤＦ（ディフェンダー）、司令塔、ＦＷ（フォワード）と揃いも揃って、紫色のユニフォームから赤に着替えた選手たちである。まるで、移籍ルートができ上がってしまったかのようだ。

一瞬、不機嫌そうな表情をしたペトロヴィッチ監督は応じた。

「彼らは全て、広島時代に私が育てた選手だ。だから、私の下でプレーしたいと考えるのは自然であろう」

レッズの熱狂的なファンは、この発言をどう捉えるのか。サポーターは、育成世代から赤いユニフォームを着て、トップチームに昇格した選手が活躍する姿を見たいのではないか——。この時、レッズのジュニアユース、ユースを経てトップチームに昇格した生え抜きの星、現在20歳の関根貴大はレギュラーに定着する前であった。

関根はアマチュア時代に教えを受けた池田伸康を今も師と仰いでいる。サッカー選手である前に、人間として如何に振舞うべきか、あるいは、仲間がいるからこそ、いいプレーができると教わった。自分がここまで来られたのは、池田コーチのサポートが大きかった。結果を出して恩返ししたいと話す。

＊「体で覚えることが一番」

誠剛、直人、そして伸康の池田3兄弟は、それぞれサッカーと共に浦和で成長した。全員が早稲田大学ア式蹴球部のＯＢである。なかでも末っ子の伸康は中学2年でジュニアユース日本代表に選出され、最も才能があると注目された。

「サッカーに興味を持ち始めたのは幼稚園の頃です。チームというよりは、兄貴とやっていました。10歳違いの長兄は優しかったので、自分から進んで『やろう』ってお願いしました。6歳違いの次兄は厳しくて、暇があった時に向こうから『やろうぜ』っていう感じで、僕も

『うん』と。公園や庭でやっていましたよ。
実家の目の前に、大きなドブがあったんです。ボール1個分のコントロールを誤ると、ドブに落ちちゃう。その度に棒で突っついて取ったり、いちいちドブの水際まで降りて行かなければならなかった。そういうのが苦だったので、言われなくても真剣にコントロールするようになりました。注意深くなりましたね。今思い返すと、2人の兄の存在プラス、環境が良かったのかなと思いますね」

池田伸康コーチ

本来なら小3からしか入団できないサッカー少年団にも、兄と共に通えたため、小1で加わる。

「僕はサッカーボール1個あればどこでもいいというタイプでした。幼い頃は、グラウンドもラインズマンも必要ないと思っていたんですよ。相手もいらなかったですね。今のように環境や、整備されたものを与えられた人間じゃないですから、無ければ無いで考えてやりました。例えば犬がいれば犬を相手にボールを取られないように、触られないようにやったりとか。

実家から小学校まで、毎日のようにドリブルして行きましたよ。自分がやりたいと思ったことをやり続けられたっていうのは、財産ですね。親はまったくサッカーに興味がなかったんで、自分で何かを見付けないと、面白くない訳ですよ。ある程度、直ぐできちゃったんで」

2人の兄とボールを蹴り続けていた仲康に、同級生の敵はいなかった。

「中2までは兄貴がライバルでした。毎日のように泣いていましたね。ボールを取れなかったり、1対1で負けたりで。いつか勝ってやると思っていましたけれど。小学校時代は、土日が少年団、中学時代はウィークデイに学校の弱い部活、週末はクラブチーム、ロクFCで日立サッカー部出身の人たちに教わりました。土曜日に練習して、日曜日が試合でした。今は無くなりましたが、当時メトロポリタンリーグという1年を通したリーグ戦があって、ロク、読売、三菱養和、あと、いくつかのチームで試合をしていました」

サッカーで生計を立ててきたコーチたちに見守られたことも、池田の才能を伸ばしたに違いない。

メトロポリタンリーグでは、一つ年上のライバルとの邂逅《かいこう》があった。

「読売クラブの菊原志郎さんと戦えたんです。化け物でしたよ。『あぁ、俺より上手い人がいるんだ』と。彼と戦うために、毎日練習した感じですね。あんまり指導された記憶はないんです。小学生の時は、兄貴に勝つために自分でやらなくちゃいけないことを分かっていたように感じます。中学の時は、菊原さんに勝つためにこれをしなきゃいけない、○○を伸ばすのであれば、××は自分でできるでしょっていうことが整理されていました。目標と課題が明確に見えていましたね」

菊原志郎とは、16歳で読売クラブの1軍に上がり、当時、日本リーグの最年少出場記録を作った男である。ポジションは攻撃的MF（ミッドフィルダー）。日本代表として、国際Aマッチにも5試合出場した。ラモス瑠偉の存在があったため、読売ヴェルディでは出場機会に恵まれなかったが、後に浦和レッズに移籍し、池田のチームメイトとなっている。ライバルに刺激を受けながら、個人練習にも身が入った。

「日常的に課題が見えていました。ボールを取られそうになって、わざと体を当ててファールをアピールしたり。そういうことは幼い時から養われていたかもしれません。自分自身の直感で危ないと思った時には、わざとボールを蹴って外に出して『取られてねえよ』って言ったり。体で覚えることが一番だなって今でも思っています」

＊帝京高校の過酷な練習

長兄は早稲田大学を卒業後、古河電工サッカー部に入り、日本リーグのピッチに立った。次兄は埼玉県の私立、武南高校に進学し、第60回全国高校サッカー選手権大会で優勝後、早稲田大学に進学した。伸康は、ジュニアユース日本代表の先輩たちが集った東京の私立、帝京高校を選ぶ。

「礒貝洋光さんと一緒にやりたかったんです。僕が中学・高校と、サッカー選手として認めたのは菊原志郎さんと礒貝さん。彼らが目標でありライバルでした」

菊原と同級生の礒貝もまた、天才と呼ばれた選手である。ガンバ大阪で初代の背番号10を背負っている。日本代表Aキャップは2。

「人間、キツくても死ぬことはないということを学んだ高校生活でした。自分の中では絶対に必要な日々でしたね。あれがなければ、プロで10年はやれなかったと思います。帝京の練習を経験して染み付いてる分、どんな練習も怖くなかったです」

ソウル五輪予選を戦った石井ジャパンの宮内聡、金子久、トルシエジャパンの中田浩二、オシムジャパンの田中達也、あるいはとんねるずの木梨憲武らが乗り越えた帝京の走り込みとは、現在もサッカー界で語り草になっている。

「15時ちょっと過ぎに授業が終わって、15時半くらいから練習が始まります。まずダッシュです。笛が鳴ったらターンっていうのを、大袈裟じゃなく3時間くらいやっていました。ほぼ毎日です。笛が鳴るまでスピードを緩められないので、グラウンドの行き止まり以上に走って、金網を登るのも当たり前。で、倒れたらパンツを下ろされます。パンツを上げる力が残っているなら走れ、と。短くても1時間くらいです。

その後ボールを使った練習になるんですけれど、そこからレギュラークラスとサブ組に分かれるんです。蹴れるのはおよそ90人の部員のうち、20人くらい。ボールを使った練習は2時間程度ですね。サブ組は40×20メートルくらいのスペースで、70人がシュート練習をやったりしてる訳ですよ。僕は一度も経験しなかったですけれど、絶対にそこには行きたくないと思いましたね。長い日はさらに水泳が始まりました。本当に、他の高校では学べないことが体に染み付いたと思います。3年間、帰宅するのは毎日23時くらい。そこから飯食って、朝起きるのは5時。朝練はちゃんとボールを蹴った覚えがあります」

現在指導する、レッズユース以上に過酷な競争だったと池田は述懐する。

「ふるい落としにかかるんです。サッカー推薦で入ってきた子に優しくする訳じゃないんですけど、絶対に残りますね。今考えると帝京っていうのは、個を伸ばす高校でした。相手に勝つために戦略を立てて、前もってこういうサッカーを練習するってことはなかったです。グラウンドで僕らが発想しながらやっていました」

池田は帝京のグラウンドで己の武器を磨き、ユース代表に選ばれる。

「儀貝さんが出したパスを取れなかったんであれば、その次はワンテンポ速く動き出そうと考えたり、タイミングの取り方や、裏への飛び込みは意識しました。タイミングは、一番、教えるのが難しいんですよ。止めて蹴るは指導できるけど、タイミングは教えてマスターできるものじゃない。高校時代にそれを養えたのが大きかったと思います。

そこまで追求していた自分としては、菊原さんだろうが、ウーベ・バイン〈元浦和レッズ、元西ドイツ代表選手〈キャップ17〉。1990年ワールドカップ優勝メンバー〉だろうが、小野伸二であろうが、誰がボールを持っても、動き出しができました。僕、プロになってからは、ほとんどドリブルで突破したことが無いんですよ。全部スルーパスやランニングの中でボールを受けてセンターリングでした。

もう1人、僕を成長させてくれたのが、森山泰行さん〈元日本代表。Aキャップ1〉です。僕がセンターリングを上げて森山さんが決めるっていうパターンが帝京の得点の3分の2でした。森山さんからは、『あと1センチ前に出してくれない?』とか『あと2センチ斜めに出してくれない?』といった要求を受けたので、それに応えていったからこそ、プロになった時に武器になりました。センターリングであれば誰にも負けない。センターリングで飯を食っている。あるいはスペースへの飛び出しで飯を食っている、という自負がありましたね」

＊「自分の生きる場所」を教わる

大学3年の時、後にロンドン五輪日本代表監督を務める関塚隆の指導を受け、プレーの幅を広げる。1992年に開催されたバルセロナ五輪の予選を戦った日本代表にもなった。

「グループ戦術の中で、自分の持ち場の仕事を整理してくれたのが関塚さんです。初めて守備を教わったと思います。それまではボールを奪いにいったら取りにいくだけ。ボールがない時のポジショニングとか、前の人と後ろの人の関係性があったうえでの立ち位置と動き方を教わりました。

試合には1年生の時から出ていましたが、3〜4年で関塚さんから指導を受けて、危機管理を学びました。危ない時にどのポジションをとっておくか? 逆サイドにボールがあった時に、どこにいるべきか。守備も攻撃もいつ飛び出すのか。自分の中では宝になったと感じています。

小中学校で教わる筈のことを、僕は大学で教わったんですよ。危機管理能力を身に付け、ゲームの流れを読むプレーヤーになれたかな、と。大学1、2年までは、1－0で勝っていても点が取りたいから前にいく訳ですよ。考えられないと思いません？

関塚さんの時に右のサイドハーフとしての自分が確立されました。グループの中で『お前の持ち場はここだ』と。ブラジル代表のアドリアーノの例を出して話されたことを覚えています。僕はどこのポジションに置かれても、本能で行ってしまう。でも、アドリアーノは左利きで右にはまったく行けないけれど、そこで仕事ができるんであればいい。『伸康も、あちこちで力を発揮するんじゃなくて、この場所がお前なんだよ』って。その言葉は胸に入りましたね。この人は指導者として信じられると感じました。左サイドからの得点もしていたので窮屈だと感じた部分もありましたが、俺の生きる場所は右サイドなんだ、と」

*「日本人は教え過ぎ」

早稲田大学卒業後、浦和レッズ、水戸ホーリーホックと合計10年間のプロ生活を経て、指導者の道を歩む。コーチとして、かれこれ12年が過ぎた。中学生の頃から日の丸を背負い、毎年のように海外遠征を経験した彼は、日本と世界との差について述べた。

「僕は負けても、それを認めないようなタイプの人間ですが、イタリアは凄えなと思いました。同じ年代でもフィジカルが違う。強烈な印象が残っています。

強いとか弱いとかよりも、一番感じるのは勝負に対する執着心の違いです。指導者からは『彼らは生きるためにサッカーをやっている。お前らとは違うんだ』と毎回言われていましたが、本当にそうだと思ったし、ゲームの中で自分を出す、なおかつ国のために戦って勝つっていうメンタルを毎回、海外では感じました。韓国やカタールでも感じました。帰国すると自分もそういう意識になっていましたよ。高校や大学に戻ればメチャクチャ削ったりしましたね」

とはいえ、日本では、大学のスター選手であっても喫煙者が少なからずおり、海外のプロとはサッカーに対する姿勢に雲泥の差があった。

「日本選手のモチベーションが低いのは、色んなものを与えられ過ぎているからだと思います。プロも、金銭的に恵まれ過ぎだと思うところがありますね。やっぱり世界との差というのは、〝勝つ〟意識です。日本も色んなやり方をしていて、勝利への拘りも持ってるよって言う人がいますが、次元が違います」

池田は、世界との差を埋めるために、として次のように述べた。

「小さい時からやっていかなきゃいけないんですよ。小学生の頃からです。戦う姿勢を植え付けるのは指導者の感覚です。僕は、子供が何をするかというよりも、まずは親の感覚を変えていかなきゃいけないと思っています。掘り下げると、一番近くにいるのは親だし、その親が与え過ぎずに寄り添うことが肝心じゃないかと。

昔も今もブラジルで有名になる選手って、みんな貧困家庭の出じゃないですか。彼らが何を与えられたのかっていうと、『親のためにサッカーをやる』っていうメンタルですよね。考え方が違うんです。ただ、日本でそれを求めても無理なんですよ。文化が違いますから。だからこそ、谷底に落とすような気持ちにならないと。自分で考えさせるようにやらせるっていうことが第一歩なのかなと。次が指導者という順序になると僕は思います。

指導者にとって、一番大事なのは、やはりバトルさせることですね。戦う気持ちを子供たちに植え付けさせるのは、指導者です。その指導者が教え過ぎず、自分の型に嵌《は》めず、純粋にサッカーをやらせることが必要だと。日本は教え過ぎですね。花も水をやり過ぎると奇麗に咲かないでしょう。自分で考えさせ、判断させ、それをピッチで表現できるようにならないと、選手は伸びません。サッカースクールをハシゴするような環境も、僕は良くないと思います。もっとサッカーを楽しんで、遊びの中から色んな発想をすることが少年時代は大切だと思います」

＊努力は才能を超えられる

サッカーを始めたばかりの小学生にバトルを教え込んでいく場合、池田がキーワードとする言葉は「負けず嫌いになれ」である。

「仲間とよく、『どういう選手がプロになる？』って話題になるんですね。全員が全員、『負けず嫌いな人間じゃないとプロにはなれない』って言いますね。でも、それって養うことが難しいじゃないですか。持って生まれたものということになってしまいますよね……。プロで成功する選手というのは、武器がある子、負けず嫌いな子、それに、物事をあんまり気にしない子です。負けず嫌いな子、イコール、ハングリーな気持ちを持っている子なんですよ。

僕は誰にでも、初めて会った子にも、『夢は強く願えば絶対に叶うよ』って伝えます。諦めた時点で夢は終わるし、どんな子にもチャンスはある。夢を叶えるために何かを探す。大事なのは諦めないことです。努力は才能を超えられます、絶対に。僕はそういう例を本当に沢山見ています。どんなに能力がなくても、自分の中で何か夢があって、それを超えようと

すれば、必ず力はついてくるし、諦めなければ夢は叶うと思っているんで、挑戦してほしいですね」

池田コーチが街で偶然出会ったサッカー少年と会話することになったら、こんなふうにコミュニケーションをとるそうだ。

「まず、『君が自分の中で得意とするものは何?』って訊きます。苦手なものも訊きます。僕は、短所じゃなくて長所を伸ばすことを勧めますね。短所の部分はいずれカバーできるし、様々な人との出会いのなかで変えてもらえるものですよ。選手がブレちゃいけないのは、得意なことなんです。だから、『得意なことを曲げずにブレずにやっていくことが大事だよ』と伝えます」

コーチとして最も大切にしているものは? と質問すると、次のように答えた。

「選手を見極めることが指導者として一番大事だと思うんですよ。特にプロ選手を育てるんであれば一人ひとりを見て、『この子はこれで勝負するんだ』と理解する。エリートの子、そうじゃない子でも、必ず何かある筈なんですよね。それを見極められるか、られないかが、肝心だと。

でも、自分の良さが分からない場合が多いんですよ。コーチは分かるけど、本人は分からないものです。今上手くいかないところにいる子、例えばレッズの下部組織に行きたくても行けない子であれば、『君はこれなら誰かに負けないいんじゃないか？』って言ってあげる。所属チームで試合に出られない子は自信も無かったりする。そこで自分を知る、ダメなところじゃなくて、いいところを知るってことですね。指導者は、その子の特長に気付いて、そのうえで本人に気付かせるということをしていかなきゃいけないと思います」

池田は一流の選手は必ず挫折を乗り越えていると断言する。

「挫折が大事だと思うんですね。小さな時も大人になってからも、挫折がある限り、上を目指そうとする。挫折を味わっていなければ、その場に甘んじてしまう選手が多い気がします。正直、僕に大きな挫折はないんですが、日々、兄との勝負の中で悔しい思いはありました。本当に毎日のように泣いていましたから。あそこで同級生とか勝てる相手とばかりやっていたら、自分の成長は止まっていたと思います。学ばなきゃいけない時期に、いい人と出会っています。それが兄貴だったり、菊原志郎さんだったり、礒貝さんでした。そのタイミングで必要なものを手に入れられた。敵わない相手に負けたことによって、前に進めたと思うんですよね」

浦和レッズユースのコーチである彼には、一人でも多くの選手をトップチームに上げることが課せられている。

「いつか、スタメンとサブ全員が育成から上がった選手になることが夢です。僕ら指導者の一番の目標はそこですね」

第6章　埼玉県・ロクＦＣ

——「私たちの仕事は上に行って伸びてくれる選手を育てること」

前章に登場した池田3兄弟が育ったロクFCは、埼玉県で最初に誕生したクラブチームだ。代表である浅井重夫は「この年代では負けてもいい。小中学生というのは、将来に繋がるよう、確固たる基礎を身に付ける時期です。技術よりも、精神面を磨くことが大切です」と力説する。

独自の育成法を持つロクFCを取り上げる。

＊上に行って伸びる子を育てる

「私は小中学生年代で、この子にはこの程度の可能性しかないって決め付けるのは、おかしいと思っているんです。どこで開花するか、分からないじゃないですか。私自身、中学時代は野球部だったんですよ」

超高校級ストライカーとして埼玉県を代表し、第47回全国高校サッカー選手権大会に出場。その後、日本リーグ時代の日立で10年間プレーし、天皇杯2回、JSLカップ1回、リーグ優勝を一度経験し、日本代表Bにも選出されたことのある浅井重夫は語る。

浅井が総監督を務めるロクFCは、希望した選手全員の入団を認めている。ロクFCは、

１９８１年に日本サッカー協会にクラブ登録した。前身は日立サッカースクールである。チーム名の「ロク」とは、創立者であり、日本代表や日立サッカー部（のちの柏レイソル）の監督を務めた故高橋英辰《ひでとき》のニックネームだ。

「門を叩いて来た子全員を預かれ、というのが高橋の考えでした。当初は日立サッカースクールとして、日本全国を回っていたんですよ。日立製作所が宣伝を兼ねてやっていたので。でも、小学校を卒業した後、ちゃんとした受け皿がないことを問題視しましてね。ゴールデンエイジなのに、サッカーを知らない中学校の顧問に当たっちゃうと、伸びるものも伸びない。勿体ないだろうということで、週末に東京都北区の西が丘サッカー場サブグラウンドを借りて、我々が指導するようになったんです。当時ロクさんから言われたのは『サッカー塾だと思え』と。色んな子がいるので、塾として足りないことを補ってあげようと。それから10年くらいして、埼玉県のジュニアユースに登録しました」

浅井重夫総監督

以後、７度、県チャンピオンとなり、最高位は全国大会ベスト８。11名のプロ選手を輩出した。技術の優劣に拘らず、子供

たちを分け隔てなく引き受け、サッカーの楽しさを教えることをモットーとしている。

「今、強いクラブと言われ、いくつかの大会で勝てるチームであっても、いいのはトップ選手だけです。その下は、ただ会費を納めているだけという感じなんですね。Jチームのジュニアやジュニアユースにも上手い子はいますが、潰れるのも早いでしょう。小学生、中学生で各学年20人獲るとして、何人がプロになれますか？　消えていく子が圧倒的ですよ。**基本的なこと、まずは挨拶ができるとか、きちんとした『心』を教わらない限り、人間としての成長は難しいです。心が無ければ何をやってもダメだと私は思っています。**戦うハート、強いハートを持たなくちゃいけないし、優しさも持たなきゃいけない。人として、立派になってくれないといけないので。今の若い指導者は、そういうのを疎かにしちゃっているように思いますね」

浅井が繰り返すのは、早熟な子は、潰れるのも早いということだ。

「小学生、中学生にしてJの下部組織に入れる子の大半は、現状に胡座《あぐら》をかいて、一安心しちゃっています。自分たちが特別な世界にいるっていう感覚じゃないですか。お前ら、それでプロにならなきゃ一緒だぞ、と、私は感じます」

世界の強豪国のこの年代は、結果が出せなければ、翌年、同じユニフォームを着られる保証はない。特に南米の選手は母国ではなく、ヨーロッパのビッグクラブに入る夢を持っているため、安心している暇などない。貧しさが闘志を生むケースも多いが、各々が競争の意味を捕捉している。

「私たちの仕事は上に行って伸びてくれる選手を育てることです。だから、精神的なことはうるさく言いますよ。指導内容は徹底的に基本です。迷っても全て基本に戻ればいいと。変に弄《いじ》ってもしょうがないんで、まず基本的なことをきちっと身に付けさせないと次に繋がらないじゃないですか。池田伸康なんかは、本人の良さを消したくなかったのでプレーに関しては自由にやらせました。でも、精神面は叩きましたね。やんちゃ坊主でしたから」

＊高橋英辰の教え

浅井の現役時代も、高橋の指導の下、基本練習に明け暮れる毎日だった。

「まずは走れなきゃ始まらないと、日立はインターバル走をこなしました。100メートル走を最低で10本。それから、パス&ゴー。ボールを使ってじゃんじゃん走る。そうすると、実際の距離の1・5倍くらい走っているんですよ。パスは後ろじゃダメだ、前へ前へって、トップスピードでボールを運ぶ。味方の受けやすい場所にパスを出す。思い起こせば、ロクさんは一つひとつ理に適ったことを言っていましたね。そうすると、実戦で自然と体が反応するようになります。体で覚える、というやつですね。

ロクさんは勉強家で、百科事典のようにサッカーの知識を持っていました。押し付けるというんじゃなく、コーチに全部、トレーニングの指示を出して、違うところで見ていました。大人しくて物静かな人でしたよ。怒鳴り散らしたりすることはなかったです」

その高橋は、日本代表が1968年のメキシコ五輪で銅メダルを獲得した際の立役者と呼べるデットマール・クラマーと親交があった。クラマーが日本代表を初めて指導した時の代表監督だったからである。この時クラマーは、狙いを定めた20メートル先の地点に、数ミリの狂いもなく、インサイドキックでパスを出す模範を見せた。日本選手は、それができるようになるまで何時間でもボールを蹴らされた。

だが、高橋ジャパンは1962年に開催された第4回アジア大会で1勝2敗の成績しか残せず、予選リーグで敗退する。直後のムルデカ大会も2引き分け1敗で予選落ちし、高橋は更迭を余儀なくされた。

当時を知る記者は「高橋は優し過ぎて知識を選手に押し付ける強さがなかった。そのため、戦法として成熟することがなかった」「東京五輪まで監督を続けるつもりでいた高橋にとって、志半ばの挫折は無念の極みだっただろう」と述べる。

とはいえ、高橋はその無念さを糧とした。浅井は想起する。

「高橋は日本人の特性を見出すために、ブラジル、ヨーロッパなどへ行きました。色んなことをやって、最終的に言ったのは『今のフランス代表選手はあんまり大きくないので、日本人のいいモデルになる。走る速さはもちろん、判断の速さ、ボールコントロールの速さ、そういう全てのことに速さを身に付けねばならない』ということです。クラマーも指摘したように、小回りの俊敏性とか勤勉性とか、日本人独特のものがある筈だと。真似するんじゃなくて、研究したなかで見出さなきゃいけないと話していました」

その言葉を受け、浅井はフランスのラグビーから指導のヒントを得る。

「私が個人的に注目したのがシャンパンラグビー（フランスのラグビーの特徴を表した言葉。シャンパンの泡のように、次から次へとボールを受け取る選手が湧き出てくるところから）でした。フランス人は体が小さいから、ウエールズなんかとぶつかっちゃうと倒されちゃうんで、ギリギリのところでボールを離す。体が小さくても引き付けておいて、ぶつかられる前に渡しちゃえと。ああ、高橋はこういうことを言っているんだなと、自分なりに解釈しました」

＊「サッカーしか知らない指導者が多い」

また、浅井自身も現役時代にイングランド、オランダ、ドイツにサッカー留学することができ、本場のサッカーを肌で感じた。

「ボール回しをしても、触ることさえできなかったです。コンパスが長いから飛び込めないし、当たりも激しかった。国際試合では、先にガツンとぶつからないと後でこちらがやられます。それでも、日本に帰ってきたら一つひとつの自分のプレーが格段に速くなっているんです。驚きでした。環境がいかに大事なのかを思い知らされましたよ。ただ、また日本でプレーしているとその感覚が2カ月くらいで消えてしまうんです」

こういった経験こそが、次世代を育てるにあたってプラスとなっている。直ぐに結果に結び付かなくても無形の財産となるからと、浅井は選手を連れて、ハワイ、マレーシア、タイ、オランダ、スペイン、アルゼンチンなどへ遠征した。

「海外が全てとは言わないけれど、子供たちには同年代の選手とぶつかることで学ぶことが沢山ある筈です。指導者も外に行って勉強して、自分の目で見て、実際にトレーニングして肌で感じたことと、聞いた言葉とをミックスして子供に伝えていかなくてはいけない。そうじゃないと、子供には伝わらないんですね。結局、皆コピーであって、真の言葉じゃないんです。自分の言葉にならないんですよ。

全体的に日本は指導者が社会に揉まれていないんじゃないですかね。サッカーしか知らない指導者が多い。肝心なところは教えなくて、上手ければいい、と。当然、他のチームとやれば勝ちますよ。プロを育てるってことでやっていると思いますが、高橋なんかと比べると、やっぱり勉強していないですね。指導者がどこを目指していくのかが、見えてこない。彼らは勝利に血眼にならないと食べていけないんですよ。子供たちの会費が収入ですからね。で、自分よりいい子が入ってきているのに教えられていないんです。自分の殻を押し付けているばかりで。そういう様を見る度に、まだ日本はサッカーが文化になっていないことを痛感しますね」

先頃、某古豪クラブチームのコーチが選手の母親と肉体関係を結び、チームを解雇された。その指導者は、ライバルチームに指導者として拾われることとなる。そんな輩《やから》がサッカー界で飯を食っているのが現状だ。

「社会勉強を何もしていないんですね。世の中に出ていないから、持ち合わせていて当然の常識がない。それでは社会人として通用しないですよ。もっと社会で揉まれて来いと。社会に出てお金を稼ぐことがどれだけ大変なのか。上に使われて、ノルマを課せられて、そういうことをキチンキチンとやらされる経験をしていない人間が子供を教えようったって無理ですよね。少なくとも、こんな日本の進んだ社会で生きていこうとしたら、指導者が勉強していなかったら子供も半人前にしかならないです。

能力なんて皆それぞれあるから、今、足りないなという子にはちょっと時間をかけてあげる。いい子は間違った方向にいかないようにチョンチョンとついていてあげればいいんです。それなのに、スペインのサッカーがいいとか、ああじゃねぇこうじゃねぇって自分の勝手なイメージで、日本人にはできないサッカーをやらせている訳でしょう。画像で見たら、そりゃあ格好いいですよ。でも、身の丈ってあるじゃないですか。指導者が大したレベルじゃないのに子供たちに身の丈以上のことを望んでいるんですよ。だから、無理強いしちゃう傾向にありますね」

日立製作所という大企業に勤めた浅井は、人間教育の重要性を説く。

「サッカーだけっていう狭い世界じゃなくて、幅広い人間形成をしなくてはと思っています。狭いところに押し込めちゃう物の考え方では、子供の未来にも影響が出ます。もっと世界は広いんだと。確かに日本一になることは凄いんですが、サッカーでプロになりたかったらJ

だけじゃなくて、世界中にあるんですよ。何でそういう視野を持とうとしないのか。アジアなんか見ようともしないし、語学も学ばない。シンガポールだって香港だってプロ生活はできるんだから、行けばいいんですよ。指導者が世界を知らないと。もっと社会の厳しさを学ばなきゃいけないし、このままじゃ子供たちが皆、中途半端になってしまいます。

小さい時からきちんと教えてあげれば、70歳になったって、元気だったらサッカーができるんです。生涯スポーツでやってほしいんですよ。そして、サッカーを嫌いにならないように生きてほしい。自分がこういう考え方になったのは、育成世代で大事なことを教わったからだ、というふうになれば理想的ですね。

まだ、日本ではサッカーがきちんと根付いていません。指導者が社会的に認められていませんしね。ドイツみたいに、コーチが教師と同等の扱いを受けるくらいにならない限り、サッカーは文化にならないですよね。そういう重みがないです。子供を一人預かって教育することが如何に大きいかを、若い指導者たちは深く考えていませんものね。サッカーのコーチって、実際は教育者以上の筈なんですよ」

*全ての子を受け入れる

プロ選手を育てる一方で、ロクFCは、他のチームのセレクションにはまるで引っかからず、部活の顧問にさえ見向きもされない子も受け入れる。自身の能力に限界を感じて見切りをつけた子もいれば、「絶対に練習を休まないこと」を己に課し、ボールを蹴り続けた選手もいる。高橋も浅井も、後者を大事にしたチーム作りを続けてきた。

「いかに技能に優れなくても、ずっと真面目に練習してきた子は、どこかで一度はスタメンで試合に出場させます。それが指導者の仕事だと思っていますから。『あの時、試合に出られた』っていう感激が残っていて、大人になった時にコーチやマネージメントやトレーナーの勉強をするとか、用具係のホペイロでも何でもいいんですよ。50歳になっても60歳になってもサッカーが好きでいてくれたら、こんな素晴らしいことはないですよ。

今の日本は、選手として一流になることが全てみたいな捉え方をしていますが、サッカーの事業っていっぱいありますよね。一生懸命やっていれば、努力を認めてくれる人がいるんだ、ということを体験させるのも教育の一つだと思うんです」

そういうタイプの子を認め、仲間として受け入れ、同じユニフォームを着せてピッチに立たせる。その折、浅井はエース格の選手にこう告げる。「あいつの分まで、お前がプレーしろ。お前は１・５人分、もしくは２人分の仕事をしろ」と。

「０・５の子だってなかにはいますが、皆で力を合わせて相手を上回る。仲間を大事にする心を養わせたいです。小学生、中学生時代にレギュラーも非レギュラーも関係ないだろうと。一切、そういう決め方はしていないので、練習は全員一緒のメニューをこなします。強いって言っても15人なら15人だけで試合をしていると、下は育ちません。そんなふうにしていたら、選ばれない子はサッカーを続けなくなってしまう。少年団なんか、全て平等でいいと思っています。ウチは絶対に試合を経験させます。預かった子供に、何でピッチに立つ喜びを味わわせてあげないのか。サッカーをやっているんだから、サッカーの試合に出ることが喜びじゃないですか。親だって子供が試合に出る姿を見たいじゃないですか。何故、指導者がそういう楽しみ方を覚えさせないのかが不思議でしょうがないんですよ。

小中学生年代では結果を求めないというか、今、一番大事なことを教えてあげればいいんです。上に行けば行くだけ指導者は揃っています。何も我々がやる必要はなくて、どんな指導者に仕えても、きちんとやっていける基本的なことやブレない心を教えてあげれば、将来的に全部、対応できる筈なんです。私はそう思っています。絶対に所属チームの監督は変わりますから。で、上手くなればその年代の日の丸をつけた監督がいるんですよ。指導者は個人個人違うし、好みもありますからね。それに対応できる賢さを身に付けさせないと。聞く耳も必要だし、いらない言葉は排除していかなきゃいけないし。まずはきちっと聞いて、自分に何を取り入れなきゃいけないかを判断させなきゃいけない。申し訳ないけど、公式戦は11人しか使えない。だとしても、可能な限り多くの子をピッチに立たせます」

*強いメンタルは作れる

浅井の指導の根幹となるのは、一つひとつの練習を、できる、できないではなく、手抜きをしないで正確にやらせるということだ。

「心を育てることに繋がります。あとは、選手の特性、特徴を見て考えていきますね。根本的に優しい子っているんですよ。そういう子に強くなれって言ってもなかなか厳しい。精神力を鍛えるのはなかなか難しいから、プレーの中で当たりに行くことを要求していかなきゃいけないです。

でも、そこまでやっても逃げる子は逃げるんです。そういうタイプは高校に行った時に使ってもらえないと、口うるさく言っていますね。我々が見ている間は、行き届いた見方をしてあげられるけれど、高校に行ったら沢山部員がいて、お前らが目立たなかったら、相手にしてもらえないと。だから、高校では甘えちゃダメだと。そこで逞しさが出てこないと通用しません。

強いメンタルを作るのは可能だと思いますね。練習の中で培っていって、忍耐強くさせるということでしょうね。日々の練習の中で厳しさを教えていく。逆にいい子には教え過ぎも良くないんでしょうが、ウチの子たちは教え過ぎないと追いつかないです。

サッカーで上手くなるのは、最後は才能もあるでしょう。だけど、基本をきちっと教えてあげれば、伸びる筈なんですよ。全てが才能だとは思わないですし、**私はいつも子供たちに『努力は裏切らない』と言います。今、直ぐじゃなくても、やったものは必ず出てくると**」

その努力を続ける環境も、気持ちにゆとりがあるほうがいいと浅井は主張する。

「上手い子もそうじゃない子もいる、でこぼこチームがいいんです。心に余裕があるほうが、サッカーを楽しめるじゃないですか。サッカーをすることが楽しいから好きになった訳ですから、その気持ちを忘れさせたくないですね。Ｊのチームで毎日サバイバルをして、消耗し切ってしまう子だって少なくないでしょう。サッカーが好きだという気持ちを大事にさせて、預かった子たちを手塩にかけて育てている自負はありますよ」

浅井は優秀な選手がプロのユースから声が掛かっても、直ぐにＯＫはしない。

「そのチームでプロになれなかったら、挫折して止めちゃうじゃないですか。本田圭佑とか中村俊輔みたいに残って出てくるほうが珍しいでしょう。ユースってことは、選手の大半は卒業後にプロになれると思っているから、勉強もやらないし、無理だったから大学っていっても道が閉ざされていますよね。最近、やっとJのクラブと大学に道ができたようですが、遅いんですよ。いずれ変われば別ですが、現時点では高校に行って、もう一回ちゃんとサッカーを教わって、良くなったらプロで誘ってもらえばいいと。それでも遅くないよと話しています」

〈心を鍛える〉という浅井の言葉に思慮深さを感じる。2012年末、ロクFCのでこぼこ軍団は、赤いユニフォームのエリート集団、浦和レッズのジュニアユースを1－0で下している。その大金星の理由が分かったように思えた。

「レッズだろうが大宮アルディージャだろうが、今、ボロ負けしていたっていいんです。いつか追いついてやる！　そのために今、何をすべきかを理解する選手を作っていくんですよ」

2015年のシーズンに、J2、ツエーゲン金沢のセンターバックを務め、副主将としてチームを引っ張る太田康介もロクＦＣのＯＢだ。身長１７０センチ強の太田だが、自身より10センチ以上背の高い相手ＦＷを相手に、ヘディングで競り勝つシーンがよく見られる。浅井の指導を受け、武器としたのだ。

太田は言う。

「自分を作っているのは、間違いなく小中時代にロクＦＣで鍛えられた日々があったからです。浅井さんに基礎を叩き込んでもらいました。練習は本当に基礎の繰り返しで、インサイドキック一つにしても、ヘディングにしても、球際の競り合いにしても、プロに繋がる土台ができました。確実に今に繋がっています。自分の原点ですね」

浦和東高校時代は1年生からレギュラーとなり、日本代表のＧＫ、川島永嗣らと全国大会で活躍した太田だが、卒業後に進んだ中央大学ではレギュラーに定着できなかった。しかし、ひた向きに努力を重ねてプロ選手となった。ツエーゲン金沢で背番号5を着る太田の姿は、ロクＦＣならではの指導法を示しているように映る。

第7章　サッカー処・静岡県旧清水市
――「黄金期ができた理由は育成」

かつて、浦和以上に「サッカーの街」として知られた静岡県旧清水市。日本のサッカーの発展は静岡を抜きに語れない。当地に足を運んでみた。

＊日本代表で活躍する清水東高校の出身者

日本サッカーがプロ化された1993年以降、ワールドカップ予選及び本戦を戦う日本代表には、必ず静岡県立清水東高校の卒業生が名を連ねている。ドーハの悲劇と呼ばれたオフトジャパンには現ガンバ大阪監督の長谷川健太、現順天堂大学蹴球部監督の堀池巧、フランスワールドカップ時は、現町田ゼルビア監督の相馬直樹、日韓ワールドカップ時は西澤明訓、ドイツ大会時は高原直泰、南アフリカ大会、そして、ザックジャパン、ハリルホジッチジャパンでは内田篤人。

清水東高校はインターハイ優勝4回、全国高校サッカー選手権大会優勝1回、同準優勝3回の成績を収めながら、レギュラー部員が現役で東京大学に合格するほどの名門校である。

市内のライバルである市立清水商業高校（2013年に清水桜が丘高校となる）もまた、全国高校サッカー選手権大会で3度の優勝を果たし、私立東海大学第一高校（現東海大学付属翔洋高校）も同大会で優勝を飾っている。

清水の小学生選抜チーム、清水FCは、2015年に39回目を迎える全日本少年サッカー大会において最多記録である8度の優勝を誇る。サッカーが日本国民の話題の一つとなる20年近く前から、清水は「サッカーの街」と呼ばれてきた。とはいえ、才能に恵まれた子供が清水市だけに集まる筈もない。そこで本章では、サッカー王国・清水の強さの秘密を辿ってみる。

*かつての清水の強さの秘密

清水FCで29年間指導者を務めた前嶋孝志は静岡工業高校を卒業後、一旦は実業団サッカーでプレーするが、国士舘大学に入り直し、卒業後、小学校の教師となった。教員2年目に清水FCのコーチとなる。

「清水のサッカーが強くなっていったのは、高校の影響が大きいです。清水東、清商《きよしょう》、東海一が全国大会に出て優勝する。見に行った子供が勝利チームの校歌を耳にし、歌えるようになる。いつも憧れの選手が目の前にいる。そういった環境が清水にサッカーを浸透させました。大人も子供も、サッカーを知るようになっていきましたね」

前嶋孝志　元清水FC監督

今のように、海外のプロリーグがＴＶ放送されていなかった時代だ。清水のサッカー小僧たちは高校生プレーヤーの練習を見学に行き、「あんなふうになりたい」と努力を重ねた。

「親も自分の子供にサッカーを薦め、どういうプレーがいいのかが分かるくらい目が肥えていきましたよ。私が新任教師として赴任した１９７２年から10年間で、ほぼ全部の公立小学校、中学校のグラウンドにナイター設備が付きました」

清水をサッカー処としたのは、１９５６年に静岡大学を卒業した一人の若い教員だった。当時、校庭ではボールを蹴ってはいけない、という規則があり、ソフトボールとドッヂボールしか行われていなかったにも拘らず、彼は敢えてサッカーの魅力を伝えていく。無論、子供たちとソフトボール、ドッヂボール、キックベース、バレーボールなどもやったが、サッカーこそ教育に最適と判断した彼は、休み時間に自ら汗まみれになって児童とボールを蹴った。次第に少年少女もサッカーに夢中になっていく。

「教室で机を挟んで向かい合うことだけが教育ではない」

この教師――堀田哲爾は口癖のようにそう言った。生徒とのコミュニケーションの道具として、サッカーを奨励したのだ。いつしか周囲も堀田を認め、校庭でボールを蹴ってはいけない等の校則が一つひとつ変わっていく。

前嶋は話す。

「私が教師になった頃は、堀田先生が高校生の優秀な選手を集めたトレセンとか、色々なことをやり始めた時期でした。けっして派手な練習はしなかったです。基礎的な練習を毎日毎日繰り返す。それも長い時間じゃなく、1時間から1時間15分繰り返すことで、子供たちは必然的に技術が伸びる。月曜が休みで、火、水、木、金、土と練習して日曜日に試合がありました。

月曜にトレセンがあったりすると、まったく休まない子もいる訳ですよね。そんな、無理なようだけど無理じゃない状況の中で徹底的に基礎練習をやっていきました」

*教師がサッカーを支える

各小学校にサッカー部があり、指導者は若い教師が務めた。とはいえ前嶋のようなサッカー経験者ばかりではない。堀田はサッカーのサの字を知らなくても、興味のある者は勉強に来いと呼びかけ、コーチを募った。

こうして、未経験者でも若くグラウンドに立てる教員は、サッカーに携わるようになる。黎明期の清水サッカーを支えたのは、教師たちであった。教育の一環としてサッカーがあったのだ。堀田は若い教育者を集めてはサッカー好きに育てていった。

「コーチングを学ばせる訳ですから、指導法が統一されるんです。自己流の考え方ではなく、教師としてサッカーの教え方を学ぶんですよ。インサイドキックとは何か、ディフェンスはこうだ、シュートはこうだ。まずは、何をどういうふうに教えるべきかを身に付けるから、上手く流れるようになるんですね」

さらに堀田は1967年に日本初の小学生リーグを催した。甲子園に代表されるように、我が国の学生スポーツはトーナメント方式が主流であるが、堀田は敢えてリーグ戦に拘った。どんな児童にも、少しでも多く試合を経験させたかったのだ。

「11チームくらいの小学生のリーグ戦が、4月くらいから半年かけて、毎週行われるんですよ。監督、コーチは教員同士ですから、お互いにマズイところについては指摘し合いました。言ったり、言われたりっていうのが常にありましたね。月に何度かは先生同士で飲みに行って、サッカー談議に花が咲きました」

指導者のピラミッドを作るがために、堀田は日本サッカー協会が主催するコーチングスクールにも自ら出向き、その内容を清水市に伝達した。また、小学3年から中学3年までの清水市選抜チーム、清水ＦＣを作った。各学年30人くらいが選ばれて、専門のコーチたちが指導したのだ。

放課後の15時半から日没まで、清水の小学生は、男児も女児もサッカーを楽しんだ。指導者全員が教師なのだから、保護者も安心して預けられる。自分のチームが勝てないのは悔しいから、教員も必然的にサッカーを学ぶ。しかも、４年生のリーグ、５年生のリーグ、６年生のリーグと各カテゴリーの公式戦があり、６カ月も続くため、技術的に多少劣っている子にも出場機会が与えられる。さらには教師たちもチームに所属し、ナイター照明に照らされたグラウンドを使って教員リーグに出精するようになった。

前嶋は振り返る。

「清水の選抜チームができたのは１９６１年くらいからじゃないかな。毎年試験で選ばれます。まずは、小学３年生の時、２００名くらいの受験者を30名に絞ります。将来性のありそうな子をピックアップしていくんです。で、４年生の時にその30名と、新しく入りたい１００名くらいをまた試験します。それまでは選ばれていたけれど、落ちる子も出るんですね。６年生まで、その繰り返しです。ですから、毎年選抜してやっていくってことですね。

200人をパッと見るじゃないですか。グラウンドで遊んでいる子たちを見て、瞬時に6年生時の絵が描けなきゃいけないんです。あの子とこの子とこの子はどういうポジションで、この子は伸びるぞ、とか頭の中に描けなきゃいけない。3年間かけて、日本一のチームを作る責任がありましたから。それは、経験によってできるものです。私も含めて5〜6人コーチがいました。3年生から6年生の卒業までの4年間、同じ学年を担当することを2周すると40代に入り、学校でも管理職になります。そこに、新しい若い指導者も入れるサイクルで育てていましたね」

指導陣も日々、練磨しながら、サッカー少年を支えていったのである。

＊「黄金期ができた理由は育成」

「私も第3回日本サッカー協会コーチングスクールに出席しました」と語るのは、清水東高校サッカー部監督を21年務め、熱海高校、掛川西高校の校長、熱海市教育委員会教育長などを歴任した名将、勝澤要である。

「サッカー経験は皆無であったのに、指導者となった教員が一生懸命勉強して、一人前のコーチになっていった例がいくつもあります。やはり自分の小学校が負けるのは悔しいですからね。今でこそ、『できるだけリーグ戦をやって出場機会を増やしてやろう』と言われていますが、当時、やらせたというのは画期的だったと思います。さらに、選りすぐりの選手たちが清水FCとして吸収されて、一塊になって練習して、優れた連中が清水東、清水商業、東海一なんかに行って、各高校が強くなっていきました。最初に我々（清水東）が勝ちましたが、それじゃ面白くないって清商が勝ち、東海一も勝つようになりましたね。間違いなく、小学校の組織が大きな母体となっています。

僕が母校である清水東高に赴任したのは1966年です。清水に生まれた男の子が10人中8人ないし9人サッカーをやるようになったのは、1970年代の中ほどぐらいでしょうか。

勝澤要　元清水東高校サッカー部監督

少年時代に基礎を叩き込まれて育った選手たちが清水東高に入って来て、1対1や3対3のメニューを課すと、体の入れ方、ボールコントロールが昔の子と違う。技術の向上を実感しました。全国大会で初優勝したのが1972年の山形インターハイなんですが、その頃にはかなり競技人口が増えて、ジャージを着た少年たちがボールを蹴りながら街を歩いていたのを記憶しています。山形インターハイの優勝メンバーは、清水FCの卒業生が多かったですね」

逆に、中学校までサッカー部に所属していなかった少年が清水東高のサッカー部に入ることは少なくなっていく。

「清水だけに運動能力のある子が集まる訳はない。黄金期ができた理由は育成ですね。僕が東京教育大の学生だった頃は、広島全盛時代でした。でも、小中高と湧き上がるような力にはなっていませんでした。僕が高校時代は藤枝東が強く、どうしても勝てなかった。堀田先生が清水の小学校に来られてから『藤枝（東）に追いつくのに5年、追い越すのに10年』と仰《おつしや》いましたが、越えるための具体的な策が少年育成だったのです。僕の恩師、福井半治先生は清水東高の卒業生を教育系の大学に入れて、地元にいい指導者として帰ってくれば必ず強くなる、というお考えでしたが、その予言が当たり、清水市全体に浸透したと言えるのではないでしょうか」

清水を強くするためにと堀田は、各々の所属チームの練習が終わった後に、中学生、高校生の力量のある選手を直接指導した。

「1966年くらいに始まったと記憶しています。市内の中学生と、清水東、清商、東海一の選手が集まって、ナイター照明の灯ったグラウンドで金曜日の夜に練習するんです。『今日はシュートをやろう』となれば、シュートを徹底的に教えるとか、『今日はＦＷもＤＦもパスの練習をして終わろう』とか、堀田先生が自分のアイデアでメニューを決めて、個人のレベルを上げていくための練習をする訳です。物凄い情熱でしたね。僕は選手時代、ＧＫでしたから、自分の選手だけでなく、中学生、ライバル校も含めたキーパーの指導をしました」

生徒の表情が暗かったりすると、勝澤だけでなく、携わった指導者は励ましの声を掛けた。まさに、ゆり篭から墓場まで、サッカーを通じた教育を目指したのである。このトレセンからは、風間八宏、佐野達、反町康治、長谷川健太、堀池巧、大榎克己、武田修宏、江尻篤彦、澤登正朗、藤田俊哉、森島寛晃、名波浩、伊東輝悦、川口能活、小野伸二など錚々たる顔ぶれが日本代表となっている。

堀田は清水のサッカーを盛り上げるために、なりふり構わず邁進した。堀田は、いつでも、どこでも、誰とでもサッカーを楽しめる街を作ったのだ。少年サッカーを皮切りに、未就学のチャイルド、女子などあらゆるカテゴリーの指導者を育成した。

「義務教育の頃、体育の時間は１００パーセント、サッカーだった。他のことをした記憶がない。それに、校則なんかで学校と生徒会がぶつかったりすると、何故かサッカーで決着をつけよう、ということになる。教員チーム対学生チームで試合をして、勝ったほうの要求が通るんだよ。今では無茶苦茶だと感じるけれど、それだけサッカーが生活の一部になっていたということ。高校のスター選手なんて市民全員に知られているし、熱く、温かく応援されている。冬の高校選手権なんて、街が一つになってサポートする。今の日本代表のサポーター以上に盛り上がっていた気がするね。サッカーが身近にあるし、指導者も揃っていたよね」

清水で育った1968年生まれの友人は言った。彼に本格的なサッカーの経験はないが、彼の身近にもサッカーがあった。

堀田は日本語しか喋れない男であったが、ペレ、ヨハン・クライフ、リベリーノといった、世界的スーパースターを呼び寄せ、サッカー教室を開く。また、清水FCを2年に一度は海外遠征に連れて行った。その行き先も、韓国、ブラジル、カナダと多岐に亘った。海外遠征といえば費用がかかるが、保護者を説得して金を工面させた。また、財界をも説得した。堀田の行動力は、Jリーグ元年の清水エスパルス発足へと繋がっていく。

勝澤は続ける。

「場合によっては、恵まれない家庭の選手に私費をつぎ込んだりもしたでしょう。それがあいった事件に繋がってしまったのかなと、今になって感じますね。それだけ親分肌でしたから、力もあったし大変な犠牲も払ったと思います。あの人には求心力がありました」

清水をサッカーの街と認知させた堀田だが、１９９３年に横領罪で収監されている。教え子たちは、その事実を踏まえながらも「先生を尊敬する気持ちは変わらない」と口を揃える。このあたり、清水の次郎長を彷彿とさせるまいか。

前出の浅井重夫は回顧する。

「罪を犯したことは事実ですが、堀田さんはとても面白い人で魅力がありましたね。彼が周囲に愛されていることが分かる気がしましたよ。静岡サッカーの発展に力を発揮したことは間違いありません。古豪と呼ばれる埼玉は、ああいうタイプのリーダーがいないから、伸びないのかもしれませんね」

＊父兄コーチの台頭

堀田が清水のサッカーを育て上げていた頃、教員たちは仕事が終わった放課後に小学生の練習をスタートした。指導者は全員教師だったので、勤務する小学校の校庭を自由に利用できた。ナイター照明を管理するのも教頭や体育主任であった。が、グラウンドは本来、市のものであるという理由から、利用の手続きが必要になっていく。

やがて、スポーツの練習は危険を伴う。児童が怪我をした場合、学校では責任を取れない。グラウンドは開放するが、何か問題が起こった場合はスポーツ少年団の責任で行ってほしい。学校時間外ということでやってくれ、と杓子定規な定めができる。清水の少年団は、学校のサッカー部という位置付けであったが、あくまでも小学校は関与しない組織になった。

更には、教師は学校での仕事が第一であり、放課後までグラウンドに出ることはない、といった意見も多くなり、少年少女の育成になかなか関われなくなっていった。どこの地域でも似たような嘆きを耳にするが、教師に代わってボランティアの父兄コーチが現場に立つようになり、清水も指導力がどんどん落ちていく。

前嶋は話す。

「父兄コーチも指導者ライセンスは持っているんです。でも、自分が教わったやり方でしか教えないですよね。今はまったく、どこも同じ状況ですよ。大会で勝たないと、親は納得しないじゃないですか。だから勝たせられなければ、即、クレームが来てクビになります。

昔は子供がいて指導者がいて、そのサポートに親がいたんですが、今は保護者があって、子供があって、指導者がいる。保護者が全ての権限を握っているんですよ。かつては練習方法に口出すことなんてなかったんですが、今は逆ですね。常に保護者がメインで、この指導者はダメって言われたら、終わりです。特に清水の親は目が肥えていますしね」

前嶋の最後の勤務校では、昼休みになると多くの子がサッカーをやっていた。一つのコートで、多い時には10ものゲームが同時に行われている。その様に驚かされたが、サッカー少年団に部員は20人もいなかった。理由を調べてみると、少年団に入ると会場運営、移動、お茶当番など父兄に掛かる負担が大きく、そこまでして我が子を参加させようとは思わない。エスパルスのスクールに行って、週１回遊ばせてもらえば満足だ、という声が聞こえてきた。公式戦はなくても、フットサル場でやればいい、という子供の声も耳に入った。

現在は、あくまでも親が主導なのである。また、サッカー処と呼ばれた清水もかつてほどの競技人口はなくなり、特筆した存在ではなくなっていく。かつて清水のサッカー少年の憧れだった清水ＦＣも名前は残っているが、選抜チームを形成することは難しくなり、母体のあり方が根本的に変わらざるを得なくなった。

時代の流れと共にサッカー少年たちも変わった。前嶋は冷静に分析する。

「今は、リーダーシップを取れる子がいないんです。目立つと虐《いじ》められたりしてしまう。親にコントロールされてしまっていますね。昔の子は『俺、どうしてもサッカーやりたいから父ちゃん、母ちゃんサポートしてくれ』って感じでした。だから、自分をハッキリ出せたんです。清水の三羽烏（長谷川健太、堀池巧、大榎克己。清水FC、清水東高、清水エスパルスと進んだ同じ年の3選手。全員が日本代表を経験した）なんてその典型でしたね。健太なんか偉そうでクソ生意気で、徹底的に自分で勝負できるっていう子でしたよ。

今、トレセンを見に行っても、個性のある子がいない。自分の意見や考えをきちんと言える子を育てないと、チームとして成り立たないんです。昔はそれぞれの所属チームで親分クラスが来ていました。そういう自己主張できる子は人の話を聞けます。自分の主張を通すって、ガムシャラにやったら否定されるけれど、人の話を聞き、どこで自分を出せるかを分かるからこそでしょう。あの当時の子って喧嘩もするけど、とても仲が良かった。健太なら健太の良さを大榎も堀池も分かっていました。お互いに仲間を理解し合っていましたね」

サッカーが好きで堪らない、ほとばしる情熱を指導者が児童に注ぎ、個性のある子供たちが切磋琢磨して、日本のトップ選手に上り詰めていく。かつての清水には、そんな土壌があった。

第8章　清水東高ＯＢが語る故郷の強さ

――「自身の足りない部分を補うよう一所懸命やることが肝心」

*クラマーの教え――5つの基本

清水で育ち、高校時代に日本一を経験した3名に、少年期の過ごし方について語ってもらった。全員が、静岡県立清水東高校サッカー部のOBである。

まずは、前清水東高校の監督であり、現在は静岡西高校の体育教師を務める高橋良郎。1980年、松山インターハイで優勝、同年度の第59回全国高校サッカー選手権大会において準優勝を収めた際のキャプテンである。

高橋がサッカー少年団に入部したのは小学3年生の終わりか、もしくは4年生の初め頃だったと、本人の記憶は定かでない。

「ウチの小学校は剣道部もあったので、剣道をやっていた子もいましたし、ソフトボール部もありました。ですが、基本的にはサッカーをやる子が多かったですね。10人中8人9人はやっていました。

練習メニューは、基本的なインサイドキックとリフティングとシュート、後はゲームでした。ゲームが楽しかったですね。でも、ボールが来ない時間のほうが長いじゃないですか。だから、そんな時はグラウンドの砂に絵を描いていました（笑）」

ほとんど毎日練習があった。４年生で市の選抜チームであるオール清水に選ばれた高橋は、週に１、２度、堀田哲爾が組んだプログラムで個人技に磨きをかけていく。

「子供だったので、負けると凄く悔しいし、休みで練習がない日でもボールは蹴っていました。確かに育成環境が良かったと思います。自分の長所、短所を考え、幼いなりに工夫していましたね。２人組のインサイドキック、リフティングなど、ドリルを長くやらされた記憶があります」

堀田の計らいにより、１９６８年のメキシコ五輪で日本代表チームに銅メダルをもたらしたドイツ人コーチ、デットマール・クラマーのクリニックが催されたこともあった。クラマーが日本人を指導した折、繰り返したのは次の５点である。

① Look Around（周囲を見ろ）
② Think Before（前もって考えろ）
③ Meet the Ball（ボールに寄れ）
④ Use Space（スペースを使え）
⑤ Pass and Go（パスして直ぐに走れ）

高橋良郎　前清水東高校サッカー部監督

「クラマーさんの言葉を、サッカーの基本として叩き込まれましたね。少年団のコーチにも常に言われました。③についてですが、僕らはボールに一歩でも先に寄りなさい、というふうに受け取っています」

メキシコ五輪で銅メダルを獲得した後、日本のサッカーはアジアの予選すら勝てなくなっていく。当時、我が国において、五輪のサッカー種目に出場するのはA代表であった（1988年ソウル五輪まで）。ワールドカップは述べるまでもなく、アマチュアの祭典であった五輪の切符さえ、日本代表は逃し続ける。

全国での少年団の指導も、多少サッカーを齧《かじ》った保護者がボランティア的に行うものであり、クラマーのようにプロのコーチとしてキャリアを積み、見本を見せながら指導する人間など、お目に掛かれる筈もなかった。

それでも清水は堀田の指導者育成システムにより、サッカーを学んだ教師たちがコーチとして育っていったのだ。ここに他所と差が生まれていく。

「確かに、少年時代からの叩き込み方に違いがあったでしょうね。清水は育成の形がありました」

　高橋は学業成績も良かった。静岡県下でトップクラスの進学校である清水東高校の門を潜るには、それなりのスコアを取らねばならない。

「僕が小学6年生の頃に長澤和明（元ジュビロ磐田監督、女優・長澤まさみの父）さんが清水東の2年生で、全国大会で準優勝したんですよ。それを見ていたんで、清水東でやろうと思いました。勉強も何だかんだで、そこそこの成績を取っていましたよ。学力がないと、やっぱり入れない高校です。文武両道が当たり前でした」

　清水東高校の生徒となれば、サッカーに打ち込む傍ら、学業も疎かにはできない。成績の悪い選手は、徹底的に勉学に力を入れねばならないのが伝統だった。

「高校時代の監督、勝澤先生が言っていた、『**学ぶことに手を抜いてしまう心の弱い人間は、グラウンドでもそれが出る**』というのは、指導者になって僕も感じています。勉強はできるできないがありますが、普段の行動がだらしなかったり、隙のある子は、技術があってもグラウンドで踏ん張れない。結局、大成することなく終わってしまいます」

＊基礎ができていない子供たち

とはいえ、時は流れた。全国大会優勝5回、準優勝3回を誇り、日本代表にキープレーヤーを輩出してきた清水東高校だが、20年以上、全国大会から遠ざかっている。

「以前は突き抜けた存在でしたが、プロができて20年経って、指導者も学んで、どこの地域もレベルが上がりました。もう、清水は強くない。登録の問題があって、僕らの頃は、自分のチームと選抜チームで二重登録しても良かったんですが、今はダメなんです。だから今の清水FCも一つのクラブなんです。エスパルスに落ちた子が行ったりしていますが、昔ほどの力は無いんですよ。

２０１４年の高校選手権の決勝も、富山第一と星稜という北陸の2校が戦いましたよね。今や、日本全国どこも同じレベルになったんです。日本にサッカーが根付きましたよ。昔は小学生の男の子の夢の職業は野球選手だったけれど、今はサッカー選手になりましたものね」

基礎を徹底的に身に付けていた筈の清水のサッカー小僧たちも、昔と比べると疎かになっている点が目立つそうだ。

「基本が身に付いていない子が多いです。本人たちは上手いと思っていますが、そこから教えていかねばならない。クラブや学校でレギュラーだった子が入ってきますが、僕から見ると『全然できてないじゃん』ってことになる訳ですよ。ですから、日々の練習では、本当にベーシックな２人組のパスやボレーシュートなんかをやっています。ドリブルは上手いしリフティングも上手いけどキックが下手だね、みたいな子が多いです。メキシコ五輪の日本代表選手は、リフティングなんかそんなにできないけど、キックは凄く正確です。ボールをミートすることに重きをおいて練習していたんですね。派手な技はできないけど、きちっとボールを止めて、正確に蹴れるでしょう。そこが一番大事だぞ、だからシュートが入らないいんだよって、言うことが多々あります」

清水東高を卒業後、筑波大学に進学し、社会人となってからは教師としてサッカーと関わり続ける高橋は言う。

「サッカーって単なる技術の上手い下手だけじゃない。戦術的なことも重要だし、体力面も大事です。**自分の得意なもの、負けないものを武器にすることが次に繋がります。ある程度のレベルまで成長しないと、そういった考えには及ばないので、自身の足りない部分を補うよう一所懸命やることが肝心です。小学生時代にダメでも、将来本当に成功したいのなら努力するでしょうから、自分の特徴を見詰めて、如何にトレーニングしていくかだと思います。**

元日本代表の中澤佑二もそうですし、長友佑都もそうですが、代表選手はほとんど高校の部活で育っていて、必ず挫折を味わっています。長谷部誠だって、中学までは目立たない選手でした。国体の時に僕が監督で、選抜チームに呼んで優勝して、そこから伸びていったんです。内田篤人だって、最初は足が速いだけで何も無い選手でしたよ。たまたまU16の合宿を清水でやって入って、そこからですからね。技術的に光ってはいなかったんですよ。小中学校で光っている選手が必ずしも成功する訳じゃないです。『自分の可能性を信じてやれ』ってことですね。今の自分をちゃんと分かっていないとダメですね」

さて、高橋は清水の低迷を次のように話した。

「今の清水は、色んなクラブの色んな指導者がやっていて、昔のようなまとまりが希薄になっているように感じます。例えば藤枝は、藤枝東FCが中心となって指導する形がある。清水はエスパルスがあるんで、一番いい子はそこに行っちゃう。でも、それはプロのクラブですよね。

次のレベルの受け皿が、今は藤枝のほうが充実しているんですよ。指導者の問題が凄くあって、藤枝では日本リーグの選手だった人などがやっている。清水の小学校は、お父さん方がコーチをやっているところもある。クラブチームの中学生チームは経験者がコーチしていますが、ノウハウまで知っているかは疑問を感じます。

育成という面で、父兄コーチは厳しいです。日本サッカー協会が出している指導者ライセンスは持っていますが、非常にマニュアル化されたものです。ですから、全国どこでもやっているメニューに過ぎない。そうすると、指導者にプラスアルファがあるかないかで、選手の伸びも変わってきますよね。また、さっき言ったクラマーさんの掲げた５つの基本が抜けていたりするんですよ」

＊今の子はリフティングが下手？

高橋の２学年下で、１、２年次にインターハイ連覇、３年次の第61回全国高校サッカー選手権大会で８得点を挙げ、得点王となった青島秀幸は、今日、清水矢倉郵便局長として生活している。

「ＯＢとしては寂しいですよ。組織力を失ったことが良くないんじゃないですかね。今は藤枝がアカデミーを作って、下から育てて、藤枝東に入れるっていう、昔のオール清水みたいな感じでやっていますね。清水東は勉強のできる子が入って、サッカーも頑張るみたいな。日本一を狙うっていうんじゃないような印象を受けます。

トップレベルの子はエスパルスのユースに行くでしょう。清水東には光ってる子が少ない気がします。昔の清水東は、オール清水出身者が多かったんですけれどね」

青島たち選手権優勝メンバーは、高校卒業以来、毎年必ず正月に鍋を囲む。

「メンバーの1人はジュビロの育成部にいますが、他は教師が多いんです。でね、『静岡はもうサッカー王国じゃありませんよって認識しなきゃいけないよ。戻すんじゃなくて、もうそういう時代じゃない』って話をします。もう一度ああいう時代にしたいのなら、少年の指導しかないと思います。プロ化して、クラブではお金をもらって働くコーチが教えている。その他のレベルの子はフットサルをやっているんですよね。あるいは11人制じゃなく、8人制のサッカーをやっています。人口が減っているし、クラスも減っている。そのなかから凄い才能を持った子が出て来るかというと、難しい。組織じゃなくクラブでバラバラに勝手に教えている訳ですから、個別でしかいい選手は出ませんよね」

かつての組織力が失われていった清水には、隔世の感を禁じ得ない。堀田が現場を去り、

青島秀幸　第61回全国高校サッカー選手権大会優勝メンバー、得点王

鬼籍に入ってから、指導者の教え方は十人十色になったようだ。とはいえ、高橋の言葉通り、プロ化によってサッカーが市民権を得、他の地区もトップから底辺まで指導法を学んだ。ただ、青島は高橋とは違った見解を述べた。

「同期の膳亀信行が清水東の監督をやっていた頃、『今の子は、ヘディングのリフティングなんて、ろくすっぽできねぇよ』って言っていました。僕らは足でも頭でも疲れるまで絶対に落とさなかった。遊びの一環で、家の前で毎日やっていましたからね。６年生で４０００回ついた記憶があります。トップは７０００回くらいでしたかね。リフティングが上手くなると、キックの正確性、ロングボールの対処、トラップが全然違ってきます。基本中の基本ですよ。小学生が基礎をやるならリフティングだぞ、と思いますね。

僕らの小学生時代は上手い下手関係なく、リフティングで向こうのタッチラインまで行って帰ってくる練習をしたもんです。オール清水じゃなくて、少年団で。で、落としたらスタート地点に戻るんです。レギュラーじゃない子だって皆できました」

＊「優勝しなきゃ、２位も１回戦負けも同じ」というメンタリティー

オール清水は清水ＦＣとして登録し、第１回全日本少年サッカー大会で優勝を飾る。その

キャプテンだったのが大榎克己である。高校1年でインターハイ優勝、2年で全国高校サッカー選手権大会優勝、3年次には選手権で準優勝し、その後日本代表にも選ばれた。彼は2014年7月末より2015年8月まで、清水エスパルスの監督を務めた。清水の三羽烏の1人であり、青島より一つ年下だ。

大榎が小学校に入学したのは1972年。既に清水の子供はサッカーに魅了され、街全体で白と黒のボールを追いかけていた。当時の清水は、誰もが一度はサッカー部に入るのが自然の流れだった。

「私は田舎の学校で、1学年40人くらいでしたが、女の子も含めて大半がサッカー部に所属していました。小学生時代に皆、サッカー部を経験するんですよ。それで、中学に上がった際にサッカーを続ける子、野球などの他に進む子に分かれていくんです。能力の高い子がサッカーを続けていきましたね。多分、他の地域は能力の高い子は野球をやったり、別の競技をしていると思うんです。でも清水は、まずサッカーを経由して他のスポーツに行く。サッカーをやる子供の数が、他とは決定的に違うと思います」

本来なら小学4年生から選抜されるオール清水に、大榎は3年生で抜擢され、一つ上の学年に混ざった。市内のサッカー少年の憧れである清水FCのマークは、3匹のライオンである。

「真ん中が子供で、右と左が指導者と親を意味しています。ライオンは百獣の王で、勝利。ライオンを支えるのが指導者と親で、子供を育てるためにいるんだよ、というメッセージが込められています。私たちは少年時代から『優勝しなきゃ、２位も１回戦負けも同じ』というメンタリティーを植え付けられました。勝利至上主義とか、子供の段階でそんなに勝つことだけやって良くないなんていう声もありましたが。自分はそういう中で育って来たんで、当たり前でしたね」

大榎克己　第61回全国高校サッカー選手権大会優勝メンバー、前清水エスパルス監督

大榎は清水ＦＣで、人としてどういう生活をすべきなのか、暮らしの中でサッカーをどのようなポジションに置くのか、を考えさせられた。

「サッカーをやるために、全てをやる。サッカーを続けるために、どこの高校に行きたいからどんなふうに勉強したらいいかとか、全部サッカーが中心でした。サッカーをやるために、人並み以上とは言いませんが、人並みには他のこともできなきゃいけない。そういうベースを教えてもらった感じですね」

全日本ジュニアユース代表（現U16）、ユース代表（現U18）に選出され、高校卒業時に研修生として日本代表の合宿に参加したりと、点の取れるMFとして、大榎は将来を嘱望された。だが、早稲田大学に進学すると、清水で培ってきたプレー、彼の良さが消えてしまう。

「私は一人で局面を打開していくのではなく、周りを使いながら生きるタイプなんです。自分が欲しいタイミングでボールが出て来ないことを強く感じました。パスを出したら、次にもう一回受けるとか、2つ、3つ先のイメージを持ちながらサッカーをするんですが、ここで出して、何で次のタイミングで来ないんだとかね。ワンタッチとかツータッチのイメージが無い。来たボールを一度止めて、仕掛けてということが多くて。そういう中でもやれるように個を強くしなきゃいけなかったとは思うんですけどね……。

2手先、3手先っていうのも、いつも試合中に考えている訳じゃない。体に染み付いていないと試合では出ないです。そのくらい、普段の練習の積み重ねで、自分のものにしていくんですね。指導者は、『考えてやれ』『頭使えよ』って言うけど、いざ試合中に考えて、こうやってこうやって、なんて、そんなんじゃ遅いんですよ」

大榎が攻撃の折、最良のコンビネーションを見せたのが現ガンバ大阪監督の長谷川健太である。大榎のゲームメイクに阿吽《あうん》の呼吸で長谷川が走り込む。小学時代、高校時代、プロ選手になってからも清水エスパルスで息の合ったプレーを見せた。

「ここで受けて、あそこに出せば健太は受けるとか。ワンタッチでプレーするっていうのは、そういう理解が無いとできないんです。受けて何を考えるかじゃなくて、次のプレーがイメージされていないと来たボールをトンと捌《さば》けないんですよ。サッカーにならない。最初は『ここ狙ってくれよ』とか『俺が持ったらここ』って話はするけど、やっていけばこのタイミングでこう出す、っていう感覚が身に付くんですね。

長谷川健太は小学生時代からドリブルが得意で、ボールを持ったら離さない、っていうタイプで。１対１とかやると勝つのが大変だったし。むき出しになってぶつかり合っていましたね。それが自分を成長させた部分はあったと思います」

＊**「自分で考える力を持った選手を育てたい」**

千里の行も足下より始まる――。堀田が謳ったサッカーを通じた教育は、清水の三羽烏と呼ばれた大榎、長谷川、堀池巧と、少年時代のチームメイトをそれぞれ日本代表選手に育て上げた。３名は、現在もサッカー界の最前線で生きている。40年以上もライバルであり、仲間でもある。こうした良好な関係は、プロ化から20年余が経過した日本サッカー界で、今後も見られていくだろう。

「ただ、私はドーハ前のスペイン合宿でメンバーから漏れたんですよ。日本代表には何回か選ばれる機会があって、横山謙三さんの時に呼んでもらって、結構、長い間、チャンスはありながらもなかなかポジションを獲って、レギュラーとして定着できなかったです。でも、その経験が全て指導者として財産になっていますね。代表を落とされた……代表だけじゃなくメンバーに選ばれなかった選手がどんな気持ちでいるのか、怪我をした選手の辛さとか、全部、自分が選手として味わったことなので、選手と向かい合う時、どういうケアをしていかなきゃいけないのか。非常に役に立っています」

現役引退直後は、母校である早稲田大学ア式蹴球部監督を4年務めている。関東リーグから落ち、東京都リーグで燻《くすぶ》っていた母校の順位を毎年上げ、全日本大学選手権で優勝させた手腕は高く評価された。大榎は常に「自分で考える力を持った選手を育てたい」と考えながら、グラウンドに立つ。その後、6年に及ぶエスパルス・ユースの監督を経て、1年間、エスパルストップチームの監督の椅子に座った。

「選手が成功するか否かは、サッカー哲学を持っているかどうかにかかっている気がします。

自分の中でサッカーとは何なのか。どういうポジションにサッカーがあるのかを分かっている選手は伸びますね。プロになれば仕事だし、サッカーが全てだと思ったら、自分が他にしたいことを抑えるし。壁にぶつかった時も自分がどのように打開していくか、どんな行動をとるべきなのかを理解している人、そういうタイプが多分、飛躍できると思います」

その模範的選手として大榎が挙げたのは、日本代表の背番号９、岡崎慎司である。岡崎がエスパルスに入団した際、周囲は彼がプロでやっていけるのかと、懐疑的な視線を向けたという。

「岡崎の何が素晴らしいかって言えば、貪欲さです。何に対しても、ひた向きに、自分が何をしたらいいのかを常に考えていました。ある記者が『このメンタルの本、いいよ』って紹介したら直ぐに読むし。スピードが無いと感じたら、オフに専門家に付いて走るトレーニングをしたり。いいと思われるものには何でも取り組む、そういう貪欲さがあるんですよ」

第9章　東京ヴェルディの少年育成
――「サッカーへの情熱を消さないように、技術を身に付けさせたい」

Jリーグ創立時に、最も多くのファンを得、ブラウン管に登場する機会が多かったのは緑のユニフォームの読売ヴェルディだった。日本サッカーがアマチュアだった時代から、選手を実質的にプロとして扱い、下部組織も充実させていた。

ジョージ与那城、加藤久らを擁した読売クラブから、カズ、ラモスが活躍した時代のヴェルディを知る者にとって、通算8シーズンもJ2に甘んじるヴェルディというのは信じられない気もする。それでもU16やU18の日本代表に選出される選手を育てているのが強みだ。今尚、若い世代の育成に定評のある東京ヴェルディを訪ねた。

＊教えられ過ぎの子供たち

クラブハウスで山本佳津トップチーム部長兼育成担当部長と向かい合う。

「今の育成カテゴリーはジュニア（小学生）、ジュニアユース（中学生）、ユース（高校生）と3つに分かれています。その一方で平日はサッカースクールを運営しています。サッカースクールは、サッカー好きなら誰でも入れます。本当にやりたい子も、お母さんに手を引っ張られて来る子もいる。ですので、スペシャルクラスというのを設けて、スクールの中でもより高いレベルでやらせてあげたい子や、他の選手よりも頑張っている選手、特徴を持った選手に声を掛けます。スペシャルとなるとレベルの高い環境ですので、それだけでもいい試みだと思っています。ボールがしっかり動いたり、積極的にチャレンジしたり。いい選手の情報は入りますし、スペシャルクラスからジュニアに入る選手もいます」

かつてのヴェルディ、その前身の読売クラブといえば、個性派集団であった。１９８２年のスペインワールドカップ、１９８４年のロスアンゼルス五輪の予選を戦った日本代表には読売の選手が主力として幾人も名を連ねているが、その一人であった戸塚哲也は、日本代表を辞退し、バレンシアへの留学を選択している。

山本佳津トップチーム部長兼育成担当部長

「戸塚さんにとっては、バレンシアのほうが学ぶものがあると思ったんでしょう。昔はお山の大将で『一番になりたい！』っていう人が読売に来ていましたから、キャラの強い選手が多かった。でも、今の子供たちは個性を上手く表現できない気がします。そこを僕らが見て、技術とかサッカーの捉え方を伝えたりしていますが、昔のような『スゲエ！　高校生だけど、プロのトップチームでやらせちゃえ』みたいな、飛び抜けている存在はそんなに多くないです。

中村俊輔だって本田圭佑だってプロ組織のジュニアユースからユースに上がれず、挫折を乗り越えて一流になった。彼らのように悔しさを前面に出して何かをするという姿勢があまり見られない。悔しいっていうよりはいつの間にか諦めちゃうみたいなね。逃げてしまうのではなく、悔しい経験としっかり向き合える環境も作っていかなければいけないのかなと。いい意味での子供らしさや、自分から動き出して遊ぶ子供が少ないと感じます。学校で教え込まれるものが凄く多いじゃないですか。自分で考えるという時間、自分の意思でやろう、起こそうという機会がほとんど無いんじゃないかな。僕の息子が一番伸びたのも、自分で練習方法を考えた時期だったんですよ。自分の意思で一生懸命やるとグンと伸びるんですね。いくらこっちが、あれやれ、これやれ、と言っても、言われて行動している間は本当に伸びているかどうかは分からないです。僕も本当にサッカーが好きでしたから、誰かに言われることがなくてもやりましたよ。

ただ、そういった昔の環境を考えると、純粋にサッカーを楽しむという場も減少していますね。塾ではないので、どこまでサッカーが好きなのかな？　という印象を受けることもあります。色んなものが日本社会に溢れていて、そのなかで子供が捉えるサッカーへの夢や憧れが変わってきています」

教えられ過ぎていることが、日本の現状と呼べるのかもしれない。戦うスピリッツは、第三者に教わるものではけっしてない。

＊状況判断を磨かせる

山本部長へのインタビュー後、松尾洋ジュニア監督にも話を訊いた。

松尾監督は、小学3、4年生の9名を自ら指導していた。9名の選手は、平日に2回と土、日に練習するそうだ。土、日は練習試合や招待試合に赴くことが大半である。練習の無い日は、他のスポーツをやってもいい、それがプラスになるよ、と話している。水泳やテニスをやっている選手もいるそうだ。

松尾監督はヴェルディで働くようになってまだ2年目だと笑った。およそ5年、海外でサッカーを学んだ。英国、ロンドンでコーチのライセンスを取り、その後、カナダのリーグで選手、及び所属チームが持つアカデミーのコーチをやった。やがて帰国し、縁あってヴェルディの若い選手たちと接するようになる。

「ヴェルディ・ジュニアは小学3年生からセレクションを行います。パッと見て目立つ子、基本的に止める、蹴るがしっかりしている子、顔が上がって周りの状況がよく見えている子、体の動きがスムーズな子を採ります。なかには、下手だけど足が速いような子もいますよ。でも、基本は技術がしっかりしていることですね。

ウチは今、3年生が3人。4年生が6人。5年生が13人、6年生が17人です。目の届き方を考慮すると一学年15人くらいでまとめたいな、という気持ちがありますね。各学年毎年のセレクション受験者は100名弱くらいです。学年が上がって来るに連れて減ってきます。3～5年のセレクションは、100名くらいが受けに来ますが、6年になると、自分のチームを止めてまで、とはならないですね。それならジュニアユースで、と思うようです。ジュニアユースもスカウトしたり、練習会で採ったりもしているので。

プロになれるのは一握りですから、人間教育もやっていますよ。ピッチ外のところですね。挨拶、マナーは口酸っぱく言っています。ストロング・ポイントを伸ばしていきたい、というのはあります。

サッカーへの情熱を消さないように、技術を身に付けさせたいと考えますね。教え込み過ぎず、自分の発想で状況判断しろという部分を大事にしています。小学生ならどんなレベルの子も、**とにかくサッカーが好きで、毎日ボールを触って、自分の思うように自由にボール**

を扱える技術を身に付けることが大事です。そして、その技術をどういうシチュエーションで出せるか、状況判断を磨いていくのが一番かな。

仮にウチのセレクションに合格しなかったとしても、**今、結果が出せなくても諦めるなよ、と思います。**現時点で体が小さかったり、フィジカルが弱かったり、足が遅かったり、でも状況判断が良ければ、その後伸びるとは思いますし、**ジュニアの年代だったら、今、技術がない子でも毎日毎日やればトレーニング次第で絶対にレベルアップできます。根気よく、とにかくボールに触ろうと言いたいですね**」

＊裕福な中で、どう力強さや勝負強さを身に付けるか

ブラジルワールドカップで突き付けられた世界との差を踏まえ、現場の指導者として思うことを述べてもらうと、次のような回答であった。

「強豪国はフィジカルであったりスピードであったり、圧倒的な個の力がありますから、追いつけるように総合的に強化することが不可欠です。ただ、日本にしかできない俊敏性、動きの質を加えていく。守備に関しては相手のフィジカルに対抗して、チームワークでどういうふうに守っていくか、というのはありますよね。そこを突き詰めていかなきゃとは思います。

貧困から這い上がってくる選手のハングリーさ——試合に勝ったらプロになれる、目立ったらプロになれる、お金が稼げることを理解している子と、日本の子供っぽさを感じる子に、違いはもちろん感じますよ。南米の選手なんかは、目の前の試合で勝てないと次がないんです。

でも、日本人として生まれ育って、今日から貧乏になれと言っても難しいですし、この環境で、裕福な中で、どういうふうに力強さや勝負強さを身に付けるのかというアプローチをしていかねばと思います。ですから、チーム内での競争心を植え付ける。厳しさ、1対1の激しさ、バチバチとライバルとの戦いなどでやっていくしかないでしょうね。

サッカーをやっていたら必ず上手くいかないことも起こります。そういうことのほうが多いし、ましてやプロを目指す子たちですから、楽しいことばかりじゃないですよね。それはもう、選手が乗り越えるしかない。小学3年生だとしても、甘やかすことはしないです。ただ、何が問題なのか、どういうことで、そうなっているのか、把握していく必要はありますよね。

ヴェルディ・ジュニアに合格してくる子のメンタルが特別だということはないです。でも、こういう環境でやっていくうちに強い精神が身に付いていきますね。何クソとか、ヴェルディのプライドが植え付けられていったりとか。エンブレムを着ることに誇りを持ってやってもらいたいですし」

松尾監督の言葉で心に残ったのは、自主練習希望者に関してである。

「平日はグラウンドのスケジュールがあるので居残りはダメなんですが、練習前に来て、自主練習したいとなれば、いくらでも付き合います。練習前に走りのフォームを奇麗にしようと毎回10周走っている子もいます。疑問を投げかけてきた子や、『やりたい！』と言って来た子にはアドバイスしますよ」

イングランドやカナダの育成法と比較してもらった。

「日本のほうがキメ細かいですね。教え込むというか。カナダは大雑把です。でも、個人のフィジカル、体の大きさ、スピードはありますよ。

私が暮らしていたのは、トロント近くのロンドンという街でしたが、住民にヨーロッパの移民が多いので、サッカー文化があって盛んでした。ただ、サッカー協会が組織化されていない感はありましたね。サッカー途上国という感じです。

イギリスも練習自体は日本と大差ないです。でも、ハングリーさは違いました。フルハムのアカデミーを目にしましたが、とにかく激しかった。基本技術は日本人のほうが、私は上手いと思います。基本の止める、蹴る、のドリルなんかはイギリスの子は下手ですね。でも、試合になるとバチバチとできるんですよ。小野伸二選手がよく言うように、日本人は練習のための練習をやっている。でも、向こうは試合で使うための練習なんです。試合でできればいい、と。試合になったら厳しくやるし、メンタルも強い。サッカー人口が多いですし、一年でメンバーが代わるので、危機感を持っていますね。だから戦う。のんびりできないんですよ」

＊「好きなサッカーを楽しむために自分が何をすべきか」

松尾監督はこの日、まず、9名にグラウンドを一周させた。その後、6つのコーンを寝かせ、飛び越えながら走るウォーミングアップを課した。背筋を正し、細かいステップで駆け抜けさせる。姿勢とバランスのトレーニングだ。次にダイレクトでの4対1。攻撃2人、ディフェンス1人の2対1。フリーマンを入れての2対2。監督が入っての5対5と、およそ2時間で5種類のメニューを与えた。

ヴェルディ・ジュニアの選手は、一様にパスが強かった。先のイタリア取材でも感じたが、上を目指す子は、これ以上強く蹴れないくらい強いパスを出す。教える側も徹底しており、それが身に付いているのだ。

松尾監督は、子供たちに対してフレンドリーだった。「もう少し、〇〇な感じでやってみようや！」というスタンスで、頭ごなしに命ずることはない。自ら小学生と一緒に汗をかくことで、選手のハートを掴んでいるようだった。

「言い方は常に考えています」

褒めて伸びる子、叱って伸びる子、そのあたりの見極めは海外でのコーチ修業で身に付けたのであろう。

ピッチ半面を使って3、4年生がトレーニングしている折、隣のスペースでは11名の5年生が練習していた。松尾監督は見ないが、GKコーチを含め、指導者は3名。

6つのコーンを寝かせて、細かいステップを踏みながら走り抜けるメニューのみ松尾チームと同じで、ウォーミングアップが終わると2人組となり、1人が相手にボールを投げる。投げるとディフェンスとなって、プレッシャーをかけにいく。ボールの受け手は下がりながらインステップでトラップし、バックステップしながら相手との間合いを取る。その際、しっかりと相手を見る、という練習を繰り返した。

コーチは何度も手本を示した。

その後、ボールを投げ、ディフェンスとなる子に、より激しくプレッシャーをかけるように指示し、攻撃側には「相手を引き込め。触れないギリギリの間合いまで喰らいつかせろ。そしてダブルタッチで抜け」と言った。

流石に細かい技術指導だと感心していると、次のメニューはギリギリまで相手を引き込んでのショルダータックルへと変わった。その後、壁パスからシュート、壁パスを受け、ターンしてシュート、そして6対6を行った。

6対6の間、コーチが大声で告げたのは「どこを目指すの?」「どこを見るの?」といった内容だった。選手がゴール前でシュートを打たずにパスを選択した折には、「目的、間違えないで!」と声を荒らげた。常にゴールを見て、打てるなら必ずシュートしろ、という教えである。〈ゴールへの意識〉こそ、日本サッカーに足りない部分だ。

このような高いレベルで鍛えられるのは、セレクションに合格した精鋭のみである。

では、受からない選手へのアドバイスは? と山本部長に質すと、次のような返事であった。

「サッカーが好きだという気持ちが大事だと思うので、好きなサッカーを楽しむために自分が何をすべきなのかを考えてみましょう。パスができた、リフティングができた、と目の前の小さな目標を一つひとつクリアして、自信を付けることも一つです。ヴェルディのスクールでは、そういうことも大事に教えています。

上手くいかない時に、どう自分を変化させるのか？　どうトライしていくのか？　そんな時に必要とされるのは、例えば学校での授業の時に集中力を高めることや、今までの発想を変えてみる柔軟性ですよね。直ぐに結果を求める必要はないです。サッカーって、ボール一つで世界中の人と友達になれる、素晴らしいものです。子供たちは、サッカーを通して逞しく育ってほしいですね」

第10章　アルゼンチン出身の指導者が見た日本
――「子供が笑顔になれないサッカースクールが多い」

サッカー強豪国から来日して指導者になるという話は何度か聞くが、日本語をマスターし、国籍まで変えてしまったというケースは珍しいだろう。彼の練習風景は、なるほど、と唸らされる濃い内容であった。

＊日本の練習を見て不安に……

フットサルコートで、8名の小学生がアルゼンチンスタイルの練習をしている。パートナーに投げてもらったボールを、地面に足を着けたまま足先で浮かし、リフティングに移る。あるいは胸の高さに投げてもらったボールを前足で跨ぎ、後ろ足でキャッチしてリフティングに入る。

「そうそう。それができるとオシャレだね」

指導するのはセルヒオ・エスクデロ。Jリーグ元年にアルゼンチンから来日し、浦和レッズに入団した。レッズの選手になる前は、母国のチャカリタ、ボリビアのデイストロング、スペインのグラナーダなどでFWとしてプレーした。

「はい、次ね。2人組を作ってください。足の裏でトラップして、パスはインサイドで出して」

エスクデロは選手2人ずつを8メートル間隔で向かい合わせ、パス交換を命じた。まず、自身が手本を示す。この日のテーマは〈足裏の使い方〉だった。

選手たちはそれぞれ指示通りにメニューをこなす。上手くできる子、まるでできない子、エスクデロは一人ひとりに声を掛けていく。

「それでは足裏でトラップして、そのまま足の裏で蹴って返して」

足の裏でキックするのは難しい。どうしても弱いボールになってしまう。

セルヒオ・エスクデロ

「最初は皆、できないね。トライすることが大事。次は足裏で止めてから、その足でボールを引いて3歩バックステップして、インサイドキックでパスを出そう」

テンポよく新しい課題が与えられ、子供たちは飽きずにメニューに向かっていく。

「そうだよ！　格好良くなってきたぞ。それじゃあ、足の裏でボールを止めて、引きながら3歩バックステップ。その後、相手にお尻を向けて、足裏でパスして。難しいね。パスがもっと弱くなっちゃうかもしれないけれど、チャレンジしてください」

エスクデロは、必ず自分の体を使って説明したうえでメニューを進める。日本語力の高さに驚かされるが、言葉は短く適確だ。子供たちに少しでも多く、ボールを触らせようとする。南米人らしい陽気さで、楽しく指導していく。


「28歳でサッカー選手を引退して、直ぐコーチになりました。昔から教えることが大好きでね。父が僕ら4人兄弟にやってくれたのと同じように甥っ子たちを教えていたから、現役を終えたらコーチになろうと決めていました」

エスクデロは1994年から指導者として日本人選手と付き合って来た。浦和レッズのジュニアユース、レイソル青梅、埼玉栄高校、ロクFCとキャリアを重ね、このほど自身のサッカースクールを開校した。

エスクデロの父親は元軍人で、アマチュアのサッカー選手であった。末っ子のセルヒオを含む4人の男児は、自宅の庭で父からサッカーを教わった。

「軍チームのストライカーだった父は、いくつかのプロチームからも誘われたんです。でも、軍の任務を全うしました。庭に芝生を植えて小さなサッカーコートを作ってくれてね。毎日、毎日、ドリブル、シュート、ジャンピングトラップ、ダイビングヘッドなんかを練習しました。アルゼンチンの男の子は全員がサッカーをやります。まず6人制のベビー・フットボールを始め、自信のある子は9歳でプロチーム下部組織のテストを受けます。僕ら兄弟は、地元のチャカリタというチームに入りました」

4人とも9歳でチャカリタの下部組織に合格し、プロサッカー選手を人生の目標に掲げる。次兄は1979年に開催されたワールドユース東京大会にディエゴ・マラドーナと共に来日し、アルゼンチン代表を世界一に押し上げた右ウイングである。

「4人のうち、彼と僕がプロになりました。僕の子供と甥っ子たちの代は、男の子が9名いるんです。9名のうち、4人プロサッカー選手になっています。僕の息子は元浦和レッズの選手で、FCソウルを経て、今は江蘇舜天（中国）に所属しています。誰かに会えば、ずっとサッカーの話をしているファミリーです」

エスクデロは、現在、中国スーパーリーグのピッチを走り回る愛息を、どうしてもプロ選手に育てたかった。1988年9月生まれの息子は、幼稚園児の頃から、近所の少年団の1、2年生クラスでプレーした。

「文句じゃないんだけど……、その練習を見て不安になりました。ボランティアのお父さんコーチが、せっかくの休みに出て来てくれるんですが、サッカーをまるで分かっていない。こんな練習を続けていたら、息子がダメになっちゃう。そう思って、彼が8歳から5年間は、アルゼンチンで過ごしました。僕や兄たちと同じようにベビー・フットボールをやって、9歳でプロチームのジュニアに入って。僕は2年間かけて、アルゼンチンサッカー協会認定のS級コーチライセンスを取得しました。それで息子が中学生になった時、日本で仕事をするために戻って来たんです。しばらくして、息子はレッズのジュニアユースに入りました」

＊「プレーが奇麗過ぎる」

サッカーを理解していない——。確かに世界の強豪国から見れば、日本のサッカーはその一言に集約されるであろう。具体的に説明してほしいと問いかけると、エスクデロは答えた。

「日本人はプレーが奇麗過ぎるんです。ブラジルワールドカップでウルグアイのFW、ルイス・スアレスがイタリアのDFに噛み付きましたね。彼はよく、噛み付きます。絶対に認められない行為だけれど、**日本人にもあのくらい『闘う!』気持ちがほしい**。負けている時に、何を見せるのか。諦めるんじゃなくて、何かを見せないといけない。チームのために激しく闘ってイエローカードをもらってもいい、退場してもいい場合だってあるんです。**闘う気持**

ちを見せなきゃ。試合後に泣く前に頑張らなきゃ。アルゼンチン人は、皆、それが身に付いています。

暴力は良くない。でも、サッカーは男のスポーツなんで激しくやらなきゃ。〝フェアプレーしろ〟なんていう古い考えを捨てないと。そう思っているうちはいつまで経っても勝てないですね。Jリーグなんて、ちょっと体をぶつけるだけでイエローカードが出るし、退場になっちゃうこともある。少年団やジュニアユースの審判たちは、一から勉強しなきゃいけない。体の使い方、ぶつけ方なんか、誰も教えませんね。ジュニアの育成は指導者が全然分かっていません。後ろから足を掛けられても、蹴られても、プレーは続ける。そこからゴールが生まれるかもしれない。終わった時にイエローカードを出して『あんなことしちゃダメだよ』って教えるくらいでいいんです。日本のサッカーを変えたいなら、まず、そこから考えなきゃいけない」

2007年に帰化し、日本国籍を得ているエスクデロは、ブラジルワールドカップの日本代表に、非常に失望したと顔を顰《しか》めた。

「アルゼンチンやブラジル、ドイツ、イタリアの子は放っておいても闘争心を持ち合わせています。でも、日本人には無い。だから作らなきゃいけない。長友、本田は頑張って作りました。ブラジルワールドカップで一つ引き分けたと言っても、内容的には負けみたいなものでしょう。3試合とも良くなかった。

いいですか。去年までの数年間、アジア・チャンピオンズ・リーグには、日本のクラブが一つもベスト16にさえ入らなかったんです。このままでは、2~3年後に中国にも勝てなくなりますよ。中国人はハングリーさがあるし、スピードもある。韓国だって日本を抜きますよ。すごく上達しています。

アジアは枠に恵まれていますし、30年前に比べると日本は良くなりました。力を入れて強化したからですね。でも、アジアというレベルの低い地域で勝てるようになっただけだと、認識しなきゃいけない。今後ベトナムとかシンガポール、香港なんかが力を入れると、どんどんアジア予選は難しくなってしまう。日本人は全然闘えていないから、抜かれてしまいますよ。ドログバ一人が入ったらビビっちゃうんだから、あれじゃ勝てない。もっと強いチームとやったら、どうなっちゃうのかな、と。コロンビアが最初から1軍を出していたら、酷いスコアになっていましたよ。ブラジルの気候、時差ぼけ、アウェイの大観衆、プレッシャー、全部含めて考えなきゃいけなかった。香川や清武は、あの細い体で闘えますか？　ネイマールも細いし小さい。けれど速いし、闘える。倒れなくなったでしょう。オーバーヘッドでも何でも、いつもゴールを狙ってるし、怪我を恐れずに飛び込んでいくじゃないですか」

エスクデロは首を振りながら言葉を続けた。

「日本代表選手は、一体、何本のCMに出ていますか？　CM制作って時間がかかりますよね。その時間があれば練習しなさい。フリーキックの練習、フィジカルトレーニングをしていれば、もっといいコンディションでブラジルに行けていたんじゃないかと思います。バランスをとるための体幹トレーニングを他の国はやっていますか？　新しい練習かもしれないけれど、ボールを使って、コーナーキックとか1対1とか2対2とか3対2とかDFのまわし方とかやるべきでした。エアロビクスじゃないんです。グラウンドがあるんだから、シャトルランとか。〈闘い〉をやるための練習をしなきゃ。日本人の怪我がないっていうのは、試合に出ていないからなんですよ。

『ワールドカップで優勝する』なんて、メッシだってクリスチャーノ・ロナウドだって、ドイツの選手だって誰も言ってないですよ。世界に対しても、サッカーに対しても失礼です。アルゼンチン人は皆、『日本人が何か馬鹿なことを言ってる』って笑っていましたよ。物足りない。もっと頑張らないといけない。甘いです。サッカーを舐めるなと。何が世界一になるんだと。78年、86年に優勝したアルゼンチン代表のハングリーさ、トレーニング、準備とは比べ物にならないです。彼らは神様に選ばれた才能を持っていますけれど、物凄い努力もしてるんです」

＊自分の頭で考える選手が育たない

エスクデロの発言は、なるほどアルゼンチン人だと唸らせるものであった。彼はアッパークラスの家庭で育ったが、サッカーで身を立てるしか選択肢が無い、貧しいライバルたちを蹴落としてプロとなった男の凄みを感じさせた。あるいは苦労して日本語を学び、異国に溶け込んだ矜持も伝わって来た。

「日本ではお金がないとサッカーができないですよね。部費、スパイク、ジャージ、遠征費と、お金ばっかりかかる。アルゼンチンで大成する選手は、貧しい家庭で育った人が多いです。マラドーナの家は床がなく、地面を素足で歩いていました。トイレもなかったらしいです。78年のワールドカップ初優勝時の立役者、マリオ・ケンペスも貧困家庭、右ウイングだったダニエル・ベルトーニもそう。セリエAの名門、ユベントスで10番をつけていたカルロス・テベスも赤貧。

彼らに共通するのは、サッカーで成功しないと、まともな食事ができないっていう危機感を持っていたこと。そういう選手は自《おの》ずとピッチに立った時に闘えますね。サッカーが戦争だということを知っています。経済がダウンしているって言うけれど、日本人でそこまで追い詰められてサッカーをしている選手っていないでしょう。一**流を目指す子供たちは、誰に何を言われなくても、毎日ボールを蹴ります**。今日は寒い、雨だからやらない、なんていうことはないんです」

闘いを体で覚えているアルゼンチンの少年たちは、ドリブルの仕方、キックの仕方を他者から教わることなどほとんど無い。日々、ストリートの実戦で技を磨きながら自分で習得していく。ストリートでも「勝つこと」に拘るあまり、遊びにはならない。「ボールを奪う時は、相手の心臓を抉《えぐ》るつもりでプレッシャーをかけろ」というのがアルゼンチン流だ。ストリートであっても闘いがある。こうした各々の闘争心がワールドカップを制する代表チームに繋がっていく。

「9歳でクラブのセレクションを受け、プロやアマチュアチームの下部組織に所属すると、1軍のAと、2軍のBに分かれます。Aは土曜日の大会。Bは日曜日の大会でリーグ戦を闘います。同じ歳のカテゴリーです。ただし、土曜日は登録メンバーの18名全員が出られるわけじゃない。交代は3人までだし、残りの4人は日曜日に出て、頑張れば土曜日に呼ばれます。

Bにも入れない子はスクールに行きます。12歳から区分が7段階に分かれます。日本のジュニアユースとユースをアルゼンチンではユースと呼びます。そこから下がインファンティー、所謂ジュニアがあります。11歳、10歳、9歳の大会です。9歳、10歳でも1年契約を結びます。一年間、選手のプレーをコーチたちがしっかり見て、『君は来年も頑張れ』とか『あなたは試合に出てない』とか『出ても、これしか得点できていない』とか、FWだったら、結果を出していないと両親が呼ばれて、『あなたの子は学校の成績も悪い、怪我も多い。残念ながらクビ』みたいに切られていきます。そうなると、そのクラブではもうサッカーを続けられない。レベルが下のチームを探すしかないんですね。でも7段階もあって、全てにインファンティーとユースがあるから、潜り込む道を探すんです。一番下の7にも入れなかったら、草サッカーで終わるしかありません。でもアルゼンチンサッカー協会に認められていなくても、色んな田舎のチームがあるので、どこかでできますよ。頑張れば道は開けます。

アルゼンチンの選手は常に生き残りをかけた競争をしているから、誰かに言われてから動くんじゃなくて、自分で考えてプレーすることが身に付いています。日本人は教え過ぎですよ。だから、U20、U17、U15が勝てないんです。確かに昔よりも進歩しましたし、ワールドカップにも出られるようになりましたが、ワールドユースには全然行けていないでしょう。行けたところで予選落ちです。世界の強豪国は、この世代も強いんですよ。それがA代表の実力にも結び付いていますね。

アルゼンチンではいい選手のプレーを間近で見て、ストリートの実戦で技術をマスターしていきます。日本はコートやピッチには恵まれているかもしれませんが、自分の頭で考えて、局面、局面でサッカーを生み出していくようなタイプが育ちませんね。

闘える選手を育てることが第一歩です。日本は組織として変わらねばならない。アルゼンチンと比べてみてください。あちらは、小中高にサッカー部はないんです。全部、クラブチーム。僕は埼玉栄高校で10年間指導しましたが、学費が高くても選べる学校があって、『ここでサッカーをやりたい』って月謝を払えば、3年間サッカーができる。僕らの国は、小学生からふるい落とします。1年間で結果を出さなきゃクビです。両親にも『サヨウナラ』って言って終わり。正直、高校サッカーと中学サッカーはいらないです。遊びならいいけど、真剣にやるなら、全部クラブでやるべき。毎年テストテストテストで絞らなきゃダメ。失敗したら終わりです。

アルゼンチンはボールを買えなくても、スパイクを買えなくても、試験に受かった子はサポートしてもらえます。土曜日の試合が終わると、コーラ1本とサンドウィッチはもらえるんです。それはどこのクラブチームでも決まっています。逆に、日本ではお金がないとサッカーできないでしょ、お金払ってるから、習うことばかり考えてしまうんですね。アルゼンチンで残るのは本当に頑張る奴だけ。ACミランの8歳チームのテストの合格者が2000人に1人の割合ですか？　アルゼンチンだって1部リーグはそんなもんですよ。ただ、最初のセレクションに落ちたり、途中でクビになっても、田舎の地域リーグから這い上がってくる選手もいるし、頑張ればチャンスは絶対にあります」

＊怒ることがコーチングと勘違いしている

エスクデロは、サッカーで無名だった埼玉栄高校を3度全国大会に導いている。プロ選手も2名輩出した。高校サッカーの監督時代を回想し、彼は言う。

「部員が多過ぎますよ。指導者の目が行き届かない。学校はビジネスだから生徒が集まればいいんでしょうが……。各学年を30人にして、合計90人くらいなら、効果的な競争ができるでしょう。ピッチで戦うからこそ、勉強になるんです。サッカーの楽しさ、喜びも味わえる。僕はどんな子にも、サッカーの喜びを味わわせてあげたい。プロに繋がらなくてもプレーする幸せを与えてあげたい。日本のサッカー部で高校3年間補欠の子は、スタンドで歌を歌ってるだけなんてことがあるでしょう。それじゃサッカーしたことにならないです。可哀想だし、あり得ない。アルゼンチンはA～Gまで色んな段階があるから、プロになる子も、上手じゃない子もピッチで真剣に闘います。日本人にはただのゲームだけど、アルゼンチンでは遊びにはならない。〈戦争〉ですよ。プライドとかハングリーさが違いますから。

アルゼンチンでは、よく『ピッチでは戦争だ』って言うんですが、本当にそうなんです。僕も16歳でプロになって、最初の合宿は15日間、ひたすら走りでした。朝6時に起床して、まず10キロ走って、次に浜辺をダッシュ。20メートル、40メートル、60メートルを20本ずつ。80メートルを15本、100メートルを10本、200メートルを5本。昼寝して、砂袋を担いで、また走り込み。皆、そういうことを乗り越えてプロになるし、脱落したら直ぐにクビです。僕が9歳でチャカリタのジュニアに入った時、同期は30人いました。プロになれたのは僕を含めて2名だけ。競争はとても厳しいです」

エスクデロは、私が目にしたACミランの育成に興味があると言った。

「ミランのジュニアチームが、8人の選手に対してコーチ1人にしているというのは素晴らしいですね。直ぐに名前を覚えるし、ハードな競争があるでしょう。でも、Jリーグのチームならいざ知らず、普通のクラブチームじゃ難しいですね。日本の考え方、やり方を変えるためには、どんどん若い指導者を海外で学ばせないといけないです。それをしないと、絶対に変わらないし、勝てない。

僕がアルゼンチンでコーチのライセンスを取った時、『勝つことだけが全てではない』って教えられました。心理学も勉強しました。文章力も求められました。アルゼンチンのサッカー選手は生まれるだけじゃないんだよ。育てなきゃいけないって。実際、技術のない子だっているし、どう伸ばすかが肝心です。よく、日本のコーチは『そんなこと教えてねえよ！』ってベンチから怒鳴っていますが、本当にきちんと教えたんですか？　足の裏を使うなとか、ラボーナで格好つけるな！　とかカチカチでしょう。だから、ドリブルさせる指導者がとても少ない」

エスクデロは日本の指導者のレベルが低過ぎると言い切る。

「怒ることがコーチングみたいに考えているところがありますね。3対2のカバーリングとか、小学校の低学年のうちから、大人の練習をやっちゃってるし。9歳、10歳くらいから、軽く戦術を教えていけばいいのに……。小学1年生、2年生は楽しさを覚えなくちゃ。9歳までは自由にやったらいいんですよ。それに、子供が笑顔になれないサッカースクールが多い。日本人は怒らないと、いい指導をしていないと勘違いしていますね。

　日本人は教え過ぎなんです。そして、自由にやらせる人が少ない。股抜き狙ってもいいし、4人抜いてもかまわない。ボールを奪われたら、速く、攻守を切り替えるのは当たり前です。まず、やらせなくちゃいけない。『お前、4人抜いたけど、最後に取られたから交代』とか平気で言ってる人がいます。そんなふうに怒られていたら、プレーヤーは伸びない。まず、子供が考えていることをやらせてみる。ドリブルができる子はどんどんやらせてみる。ベンチから『ダメだ！　ダメ！』『何やってんだ馬鹿野郎！』なんて怒鳴られると、子供たちはボールがほしくなくなっちゃう。キープしたくないから、パス出しちゃう。それを変えなきゃいけないですね。技術はトライして失敗しながら、覚えていくものです。怒って怒ってじゃなくて、怒る前に教えなきゃいけない。例えば、何で日本ではダイビングヘッドの練習をやらないんですか？　練習でやってなければ、当然試合ではできないですよ」

指導中のセルヒオ

　プロローグで紹介した、パパコーチに潰された件《くだん》の少年

Qの話をエスクデロにぶつけてみた。

「そんなボランティアコーチはいらない、教える資格がない！　アルゼンチンで、そんなことは絶対にありません。きちんとしたコーチの下で、ボールを蹴る、止める、運ぶ技術を身に付けていきます。レベルの違いがあっても、徹底的に基本を身に付けさせますね。次のステップでポジション別の動き、闘う姿勢、勝負への拘り等に移っていきますが、第一に伝えるのはサッカーの楽しさです。それはどんな子に対してもブレないですね。

日本のサッカーが南米やヨーロッパの強豪国に追いつくためには、きちんとしたコーチを育成し、誇りを持った人がグラウンドで子供と向き合えるようにしていかなければ。それが第一歩だと私は考えます。少年団のパパコーチや、中学、高校の先生監督って、サッカーを知らない人が多いでしょう。間違った指導法なのに子供たちに優劣をつけてしまうことが見受けられます。

何度も言いますが、アルゼンチンでは小学生の頃から厳しい競争があって、プロクラブのジュニアチームには、セレクションに合格した子じゃなければ入れません。でも、不合格だった子は全員諦めなさいという訳じゃない。誰でも入れるスクールがあって、そこで力をつければ認められます。ジュニアチームもスクールも、きちんとアルゼンチンサッカー協会のライセンスを持ったコーチが指導します。そこに日本との差があるんです」

＊「絶対にストライカーを作りたい」

エスクデロはアルゼンチンスタイルに拘り、自身が預かる選手には、まず戦う姿勢、ハートを伝えると話す。

「Ｊリーグを見ても笛を吹き過ぎていて、ゲームが止まることが多い。僕はスクールの最後のメニューで、子供たちだけのゲームをやらせます。プレーが激しくなるために、ファールを取らないくらいの感じでやります。ぶつかって倒れない選手を作りたい。岡崎がコロンビア戦でエルボー食らって鼻血を出していましたね。あれは南米では当たり前です。スアレスのやったことも、昔なら当たり前なんです。今はビデオカメラがあって世界中が見ているからできないですが、あのくらいの闘いを作らなきゃ。コスタリカの選手もメキシコの選手も小さいけれど倒れない。倒れているようじゃ勝てないんですよ。

闘い続けなきゃいけない。蹴られても続けて、得点することを考えないと。シミュレーションじゃない。で、点を取ること。１対１、２対２、ストリートサッカー――スペイン語ではポートレイロって言うんですが、子供だけでゲームをやって、審判は入れない。子供同士でルールを作ってやる。ユニフォームを引っ張ったり、押したり。見えないところで相手に体をぶつけたり。自分たちでやらないと。闘える体の使い方を覚えるために、ポートレイロが必要です。判定が間違ったら喧嘩になる。でも、それで強くなります。アルゼンチンでは小さい時からやってるんですね。『フリーキックを速く!』『壁に入れよ!!』とかね。そういうアルゼンチンサッカーを教えたいです」

エスクデロは、日本サッカーの究極の目標にも言及した。

「絶対にストライカーを作りたい。時間がかかるけれど。胸トラップ、左右のボレーなんかもやっていかなきゃ。日本人はどこで覚えるんですか? コーチは怪我をさせないようにやらなきゃいけないし。選手は飛び方も倒れ方も少しずつ、覚えていかなきゃいけない。やらなきゃ、いつまで経ってもできないです。ハメス・ロドリゲスみたいな反転シュートを決めたいなら、練習しなきゃ。ウチの息子は、8歳の時にはもう、オーバーヘッドができていました。中庭の芝生で一緒に練習して覚えさせました。ウチの息子が特別なんじゃなくて、アルゼンチン人なら普通です。悲しいけれど、日本人は遅れています。

日本は僕が選んだ国です。国籍も変えました。アルゼンチン人から日本人になりました。今、僕は日本で仕事やってます。サッカーが仕事です。だから、是非、日本代表には強くなってほしい。そのためには下から育てないといけない。本当のサッカーを始めるために、新しい考え、新しい形でやらないといけない。小さいことかもしれないけど、10年後に選手を、どこかのトップチームに入れたいですね。そのために頑張りたいと思います」

足裏を使ったメニューを一通りこなさせると、エスクデロはゴールに向かって5カ所にマーカーを並べた。ゴール前にFWとDFが1人ずつ入り、順番にFWに向かってパスを出す。FWはDFを背にした状態でボールをキープする。パスを出した選手は、マーカーを小刻みにステップし、リターンパスをもらってシュート。壁となる選手には、なるべく足裏でパスを出すことを意識させた。5カ所のマーカーは微妙に並び方が異なり、小さなステップ、ジャンプ、前後、左右の細かい足の運びが求められた。

エスクデロはシュートが決まれば「ブラボー!」「ムイ・ビエーン（スペイン語でVery Goodの意）!!」「ナイス!」などと叫び、ボールが枠を外れたり、選手がミスをすると「アイヤイヤイヤイヤー」とおどけた。

額に汗を浮かべながら懸命にボールを追う少年たちは、全員が笑顔だった。この日は最後のポートレイロを含め、トータルで34種類のメニューが課せられたが、選手たちの集中力が途切れることはなかった。
その濃密なレッスンにアルゼンチン人コーチの底力を見た。

第11章　イングランド人が見るJリーグ

――「日本の子供たちは練習のし過ぎ」

私は街で英語圏の人を見掛けると、ついつい話しかけてしまうようなところがある。Ｊリーグの記者席でもそうだ。

今や、日本代表のゲームやＪリーグの会場に、異国のメディアが取材に来ることは珍しくない。そのうちの何名かは祖国を離れ、日本で生活している。流暢な日本語を操り、我が国の社会に溶け込みながら、ジャーナリスト活動を続けている。サッカー先進国に育った人が日本に対して持つ感情は、非常に気になるところだ。

サッカーの母国、イングランドから来日し、日本代表戦はもちろん、毎週末、Ｊ１、Ｊ２のゲームを記者席から見詰めるショーン・キャロル（30歳）の意見を聞くことにした。

＊日本にいたらサッカーを続けられなかった

「プレミアリーグは、資本力がなければ絶対に優勝できない。だから、勝てるチームとそうじゃないチームが決まっている。優勝候補の顔ぶれはいつも同じでしょ。でも、Ｊリーグは毎年優勝するチームが違うじゃない。そこが面白いよね」

メディア・カルチャー・スタディーズを専攻していたキャロルが大学院を修了したのは２

007年。その年の夏休みに観光で東京を訪れ、浦和レッズ×ガンバ大阪戦を目にした。無論、イングランドと比較すればサッカーのレベルは劣るが、スタディアムの熱気に魅了される。

「イングランド人でも漫画とか女子高生など、日本文化に興味のある人もいるけれど、僕は全然なかった。1年半くらい、日本人とスイス人のハーフの恋人と付き合っていた時でさえ、全然日本語を勉強しなかったしね。でも、Jリーグは面白かった。

院を修了して、最初は出版社の営業部で働いたんだ。つまらなくてさ。一番下っ端でしょ。毎日パソコンの前でエクセルを打ったり、『ショーン、これコピーして』『この人にメールして』なんて言われて。1年4カ月耐えたんだけど、2009年から自分で記事を書き始めたんだ」

ショーン・キャロル

一般的なイングランド人男児らしく、キャロルもボールを蹴りながら成長する。

「イングランドの男の子は皆サッカーをやる。僕も8歳から地元のクラブチームに入った。一般的には6歳くらいで入るかな？　僕はブライトンっていう土地で育ったけど、いっぱいクラブがあった。チョイスがいくらでもある。日本はそんなにチームがないでしょ。だから学校単位なのかな？

イングランドはプライマリースクールと、ハイスクールの2つしかない。プライマリーは4歳から11歳まで。そして、11歳から16歳までがハイスクール。16歳で卒業するんだけど、そこまでが義務教育。高校を卒業して、まだ勉強したかったら、2年間のカレッジに進む。行きたくなければ就職。カレッジの次はユニバーシティー。日本みたいに学校の部活っていうのは無いね」

学校では勉強、サッカーはクラブで専門のコーチが子供たちを指導する。

「ほとんどの男子は、週末にクラブでサッカーをやる。クラブの活動は週末だけ。でも、平日は公園とか広場で毎日のようにサッカーをやるね。

僕が所属したチームは12部くらい。1部から17〜18部くらいまであるんだ。当時、ブライトンのトップチームが3部だったよ。リザーブチーム（2軍）もユースもあって、ユースはU18、その下はU16、U15、U14って年齢で分けられている。町の大きなチームには下部組織があったね。上手じゃない子も、どこかのリーグでプレーできるようになっているんだ。

僕も日本に来る24歳までやっていた。才能のある子は、ビッグクラブの目に留まってスカウトされる。その辺は日本と一緒じゃない？

今、ブライトンには2部リーグで戦うチームがあって、上手い子はその下部組織に呼ばれる。一学年で50人くらい呼ばれて、プロになれるのは3人くらいかな。長くアマでやって、プロの目に留まりデビューする子もいるよ」

見出された才能はエキスパートの手によって磨かれていくが、ごく一握りのエリートであって、そういったレベルに達しない子供たちもサッカーを楽しく続けられる環境が整っている。

「僕もプロになりたかったし、FAカップに出てみたいっていう夢があった。でも、13歳で、その夢は叶えられないと分かったね。真面目に練習で頑張ったけど、自分はそんなに上手くなかった。ピッチでの心も弱かった。いつも迷いがあったから勝負できなかった。

でも、プロになれない子だって、自分のクラブで楽しんでサッカーをやればいいのよ。選ばれた子は、より上を目指せばいいし。日本はそういうサッカー文化がないよね。僕も日本で生きていたら、24歳まではできなかった。上手くもなかったし、日本のコーチみたいに『何やってんだ！』『ダメじゃないか!!』って怒鳴られていたら、楽しくないから止めちゃってるね。特に思春期は自信がないし、恥ずかしいし、ニキビも出るし。そんな時期にコーチにガーガー言われたら止めちゃうよね」

＊厳し過ぎるコーチ、練習し過ぎる子供たち

キャロルは、今でも日本でのある情景が忘れられない。

「僕はいつもキックオフの2時間くらい前に着いて、スタディアムの写真を撮ったりするのね。その時に小学生の前座試合を見た。コーチが6～8歳くらいの子に凄く怒ってるの。『お前はダメだ』『お前は下手糞だ』『今日はビッグチャンスだったのによ!』って怒鳴って、皆が泣きそうだった。その時僕は、日本語が全然喋れなかったから何も言えなかった。大人の前にいる子供たちは凄く淋しそう。『もういいよ! 何でそんなに怒るんだよ』って感じた。あれじゃ、サッカーが楽しくないよ。だから日本の子には笑顔が少ないね。

小学生の時、僕も基礎だけは習ったな。コーンを置いてドリブルとか、ここからここまでのパスとか。でもあんまり細かい技術は教えてくれなかった。自由にやれって感じだね。プロの下部組織なら、丁寧なコーチングがあるかもしれない。でも、僕レベルのコーチは皆ボランティアだった。街のお父さんとかお爺さんとかね。教える側も子供も、皆、凄く楽しんでやっている。試合に出られるか否かはクラブによるな。『お前は下手糞だから、下のレベルのクラブに行け』って言われるケースもあるけど、そこに移籍したら試合に出られる。パブで顔なじみになった客同士がチームを作って登録したりするのがイングランドのサッカー界なんだよ」

日本と英国の違いについて、質してみた。

「日本はコーチが厳し過ぎる。真面目過ぎるのかな。勝つために皆が集まっているよね。イングランドの男たちは友達と楽しくサッカーをして、その後ビールを片手に『今日のお前、下手糞だったなぁ！　あのミスは最低だった』なんて言いながらも楽しく飲むのよ。

子供の時も日本みたいなプレッシャーはかからないし、お金もかからない。僕のチームなんか土曜日しか練習がなかったよ。30分くらい走って、ドリブルして、じゃあ試合って、合計で2～3時間くらいの練習。他の日は、弟と庭でボールを蹴ってたね。

16歳から大人扱いになるから、週に2回、2時間くらいの練習になる。プレミアの下部組織は毎日かな。それでもプレミアの下部だって、16歳以下は毎日なんて練習しないよ。

日本の子供たちは練習のし過ぎだと思うけど、それは文化だからね。僕からしたら、日本の文化は全部がやり過ぎ。勉強し過ぎ、働き過ぎ、練習し過ぎ。日本人はフィジカルが弱いからトレーニングしなきゃとか言うけど、関係ない。今、世界で一番上手いメッシだってフイジカルないじゃん。頭の中の問題だよ。心が強ければいけると思う。メッシは小さいけど、心が強いからトップにいるよね。

日本人に足りないものはメンタルだね。自信がない国民だもの。メンタルを鍛えるのは基本的に無理よ。絶対に作れないものだよ。サッカーに限らず、南米の選手は自信があるよね。仕事も学校もナンパするのも、自信あり過ぎ。日本はそんな文化じゃないでしょ。全然違う。いつも『すいません』って言ってる国民だもの。何に対してもビビってるし、迷いがあるじゃない。決断に何時間もかかるしね」

＊自信がない日本人

日本での生活が7年目となるキャロルは、常々感じていることとして、日本人の英語力に触れた。

「いつも感じるんだけど、日本人は他の言語ができないって言うよね。でも、僕に言わせたらホントはできる。日本人は頭がいい。でも、自信がない。英語が70パーセントくらい話せるのに『ほんの少し』って前置きするでしょう。ブラジル人が同じくらい話せたら絶対に『話せます』って言うよ。40パーセントとか30パーセントとかでも言う。コミュニケーション取れればＯＫって感じてるよ。日本人は１００パーセントできないと自信を持てない。香川真司なんか、自信の無さがプレーに出てるもんね。だから、成功できないんだよ。

アジアカップで香川がＰＫを外すことを僕は予想していた。延長に入ってから友達に、半分ジョークながら、そう言ってた。彼は背番号10の責任があるのに最初の５人のキッカーにならなかったでしょ。ブンデスリーグで２回優勝して、プレミアでも優勝している。チャンピオンズリーグにも出ている。何故、蹴れないの？　本田も外したけどあれは仕方ない。ギリギリのところまで、プレーしていたから。長谷部もメンタルが強いでしょう。ドイツ語も習ってて、きちんと話してる。頭いい。本田圭佑とか長谷部誠は日本人には珍しいタイプだね。逆に香川こそ日本人の象徴だね」

キャロルは香川真司を酷評した。

「イングランドでは、もう話題にもならない。誰も期待していないからね。技術は素晴らしいものを持っているのに、ハートが無い。サッカーの世界で生き残るのは、ハートを持った選手だけよ。僕が日本代表戦を取材中にミックスゾーンで香川に声を掛けても『英語じゃなく、日本語でお願い』って、いつも言うんだ。そんな調子じゃや、マンＵで仲間ができる筈なかった。チームにも溶け込めないよ。本田や吉田はそんなに英語が上手い訳じゃないけど、頑張って話すよね。川島なんて、かなりの語学力を持っている。長友もイタリア語をマスターして、いつも笑顔でチームメイトの輪に入っているじゃん。そのあたりが、ピッチにも出るんだ。

それでもマンUがなかなか香川を離さなかったのは、クラブにとって日本企業のスポンサードが美味しいからだよ。日清食品、関西ペイント、ヤンマー、東芝メディカルシステムズ……。監督にとって必要ない選手でも、クラブは置いておけってことになる。ただ、それだけの選手だった。マンUにい続けたら試合には出られなかっただろうね。出場したところで戦う気持ちが無いんだから、怪我でもして終わりじゃないかな」

彼は、香川が自身のホームページで、ワールドカップの不甲斐無さを詫びた点についても言及した。

「プロなんだから、あんなことをする必要はない。ルーニーやジダンがそんなことするかい？　本田圭佑だってしないだろう。香川は本当に典型的なジャパニーズだよ。ブラジルワールドカップにおける香川は、メンタルの弱さ、闘志の無さしか表さなかったでしょ。自分で自分の限界をハッキリと見せたんだよ」

香川は古巣であるドルトムントへ移籍したが、移籍金の推定は800万ユーロ。ドルトムントからマンチェスター・ユナイティッドに入団した時の2分の1である。つまり、香川の商品価値は50パーセント減ったのが現実なのだ。

日本サッカーの限界を示した感もある香川真司だが、現役の日本人プレーヤーとしては最高レベルにあるのも事実である。また、収入面で考えれば香川は勝ち組と呼んでいいだろう。

「香川のような精神的に弱い選手ではなく、世界に通じる選手を養成、戦うことの意味を伝えていかなければ、日本のサッカーに未来は無いよ」

＊サッカー文化が根付きにくい環境

ならば本田や長谷部のようなメンタルの強い選手を育てるには、どうすればいいのか？

と私は訊ねた。

「アルゼンチンは全ての選手が、心、強いでしょう。ビビってる人もたまにいるけど、ほとんど強いよね。メンタルを強くするには、サッカーだけじゃなく、文化、全部が変わらないと。まずはJリーグが大人のリーグにならないといけない。まだ、子供のリーグだよ。チェアマンが、フェアプレーしましょう。倒れたらできるだけ早く立って、審判に文句を言わないでとか、それって子供に言うことでしょ。

僕は、清水エスパルスで監督を務めたセルビア人のゼムノビッチ・ストラヴゴと仲がいいんだけど、彼はサッカーを戦争だと思っているから、試合中に相手チームの監督と言い合いになる。ユーゴスラビアで本物の戦争を経験しているし、未だに危険な場所もあるし、いつも気をつけなきゃいけないんだよね。

でも、90分が終わったら、『お疲れ様、いい試合だったね』って握手して、試合中のことにはタッチしない。でもJリーグは、争いみたいなことが嫌いでしょう。選手がファイトしたら、テレビでは流さないし、触れない。子供にいい印象を与えたいという気持ちも分かるけど、日本を強くするのであれば、そんなの本当のサッカーじゃない。戦う文化を日本は創れないんだね。

アルゼンチンで150年前に『サッカー文化を作ろう。どうするべきかな?』なんて話し合ってないでしょ。自然になったよね。皆が働いて、サッカーにエネルギーを向ける。サッカーやろう!　ともなる。日本は違う。サッカー文化を創れないのよ」

キャロルは問わず語りに話し続けた。

「チェルシーから誘われた武藤嘉紀は行かずにドイツを選択したね。プレミアリーグに行くべきだったけどね。彼が5年くらいJリーグでプレーした後にヨーロッパに移籍していたら、ビックリした筈だよ。自分のクラブの紅白戦でも強烈なファウルをされるから。チームメイトもライバルでしょ。同じポジションだったら、誰だって週末の試合に出たいよ。

日本ではクラブの中でそんな競争はない。この選手はファーストチョイス、僕はバックアップとか、まだ先輩後輩の関係があるしね。イングランドは常に練習から戦争がある。僕も全然プロフェッショナルじゃないけど、よく戦った。練習で喧嘩になった。削り合いになった。日本はぬるま湯。

本田とか長谷部みたいな戦える選手、例外的な選手は、ヨーロッパでやってるでしょ。本田は20歳ちょっとでヨーロッパに行った。でも、それじゃ遅過ぎる。本田は別格だけど、パーソナリティーはやっぱり日本人かな。

日本はサッカーの国じゃない。英国の男は皆、サッカーやる。遊びがサッカー。プロを目指さなくても、友人と楽しむためにサッカーをやる国なの。日本はピッチも少ないでしょう。じゃあやろう！　ってならないよね。フットサルコートも6週間前から予約する。始まる前にも用意に時間がかかるよね。一人２５００円とかやり取りがあって、スタートまでに時間がかかる。

イングランドは公園に着いて、２つ並べたバッグがゴールになる。で、人がだんだん増えていく。何時間でも暗くなるまでやる。スコアもあんまり分からなくなる。『今、14－3でしょ』『違うよ、20－8だよ』みたいに、プロを目指さなくてもサッカーを楽しめる。日本はそうはならない。イングランドみたいにサッカーが根付くことはないよね」

とはいえ、日本ほど暮らしやすい国はないと、キャロルは笑った。

「日本は便利だよ。住みやすい。コンビニは24時間開いているし、道が分からなければ交番で丁寧に教えてもらえる。こんな楽な国は他にないよ。イングランドは危ないもの。

日本のチームがアウェイのゲームで、前日とか2日前にホテルに行くでしょ。ミーティングは○時から1243室です、なんて通達する。そのうえで細かく、1243室に行くには左のエスカレーターに乗って、エレベーターを12階で降りたら右に曲がって……って説明する。相手は大人だよ。そこまでする必要ないじゃない。セルビア人監督で怒った人もいたよ。ホテルの部屋くらい自分で探せなければ、ピッチでも自分で判断できない！　って。バスに乗っても、『右に曲がります』なんてアナウンスがあって、もう十分だと思った。自分で考えられる人間を育てないと。そういう面でも、サッカーの強さは文化に繋がってるんだ。

日本はカーナビがどこまでも連れて行ってくれる。指示を待ってればいい。野球が文化になったのも、そういう感じでしょ。監督の指示通りに動いていればいいスポーツだもん。サラリーマンも上司の指示に従っていればいいんだよね。野球は合うけど、サッカーは日本の文化に合わない。日本人は言われたことはできてもクリエイトする能力が無いんだ」

＊異国の血の必要性

日本サッカーが、あなたの祖国、イングランドに追いつくには、いや、その差を1ミリでも縮めるにはどうすればいいか？　と質問すると、キャロルは苦笑した。

「日本代表はもっと異国の血を入れたほうがいい。今、全ての代表選手は日本人で、最初はJリーグで育てているでしょ。それも悪くないけど、例えばドイツは、ドイツ生まれの選手だけじゃない。ボアテングは父親がガーナ、エジルもトルコ、クローゼもポーランド系でしょ。日本ももっとミックスしないと。メンタリティーが違うからさ。

2010年の代表には闘莉王がいたでしょ。彼は日本人じゃない。ブラジル人。だから強い。で、リーダーになった。闘莉王が戦う顔をしたら、周りの選手も自信になる。『俺のチーム、こういう人がいる。だからもっと戦える。今日負ければこの人、何するか分からない。頑張らなきゃ。今日、やるぞ！』ってなる。昔はラモスもいたでしょ。Jリーグにはドゥンガもいたしジーコもいたしピクシーもいた。彼らは周囲にとても厳しいね。だから周りの選手も成長した。成長するしかないよね。

高原直泰なんかパスをせずにシュートを外して、ハーフタイムにドゥンガにドツかれていたでしょ。その後、物凄く伸びて、日本を代表するストライカーになった。ドゥンガみたいな人間が必要。そういうタイプがいれば多分チームは変わるよね」

では、何年か日本のサッカーを見てきた感想は？　と問いかけると、キャロルは応じた。

「日本にプロリーグができる前は、高校でやって会社に入ってもクラブがなかったから、モチベーションがなかった。今はドイツを１００パーセントとしたら、日本は65パーセントくらいかな。ブータンがゼロね。ゼロからワールドカップのベスト16に入るのは難しくない。65パーセントまでは、そんなに険しくないんだ。でも、65から67まで上げるのは非常に厳しい。67から69とか70はもっと難しい。階段を上がるのが相当険しくなる。

ワールドカップのベスト4は、だいたい8～10カ国で争われているでしょう。ドイツ、アルゼンチン、ブラジル、オランダ、イタリア、フランス、スペイン、たまにサプライズがあるよね。韓国やトルコ、ブルガリアとか。

イングランドも、１９６６年の1回しか優勝していない。当時の開催国には凄いアドバンテージがあった。南米のチームはイングランドまで船で来ていたかもね。それだけで疲れちやった。でも、今は関係ない。ブラジル大会の開幕前も『ヨーロッパの国は南米大陸で優勝したことがない』なんて言ってたけど、飛行機のビジネスクラスで移動して、五つ星のリゾートホテルに泊まって、プールだってあるし、昔とは全然違うのよ。

日本は今、世界のベスト40くらいかな。35になるのは非常に難しいよ。優勝する可能性はゼロじゃないけど、技術も運も必要。日本サッカー協会の目標は２０５０年までにワールドカップ優勝ってことだけど、現実的じゃない。１００年構想もあるし、目標としては凄くいいことだけどね。紙の上では格好いいよね。でも、あと9回か……、そんな簡単じゃない。

夢が大き過ぎるね。プロは目の前の目標を作らないと。

最初はローカルクラブに入る。例えば川崎に住んでいるのならフロンターレね。そこでレギュラーを取って、次はヨーロッパに行きたい。で、代表。代表でスタメン、代表で点を取るって、一つひとつ階段を上がっていかなきゃね」

＊ファイトできる選手の育成

キャロルは本田、長谷部の他に岡崎慎司を褒めた。

「岡崎は、日本代表のなかでは技術が無いかもしれないけれど、イングランド人のＦＷよりはテクニシャンじゃない？　彼は自分のことが分かっている。香川や清武より技術は無いけれど、いつも走っていて、相手が１９０センチのＤＦでもビビらないで突っ込んでいく。メンタルがあるよね。ああいうメンタルって作れない。逆に、**メンタルがあればいい選手になれる。**だから岡崎はハイ・プレッシャーのゲームで戦えるんだ。

アジアカップのＵＡＥとのＰＫ戦で、ＵＡＥの背番号10がループシュートをしたでしょ。あの選手はプレッシャーに強い。韓国のソン・フンミンとか、オーストラリアのルオンゴも30メートルのシュートを決めた。彼らはリスクを背負って戦うじゃない。日本代表にはそういうタイプが少ないよね。

もし、ワールドカップで優勝したければ、ドイツとかイングランドとかスペインとかブラジルに勝たなくてはならない。前回のワールドカップで、アルジェリアはドイツと延長まで戦って惜敗したでしょ。アルジェリアみたいにボロボロになるまで消耗しても、優勝するには次の試合があるんだよ。次の相手は違うのよ。また別の強い選手がいる。そういう相手に日本人が勝てるとは思わないな」

それでも、キャロルは今後大化けする可能性のある選手として、鹿島アントラーズの植田直通の名を挙げた。

「繰り返しになるけれど、日本人はサッカー向きじゃない。でも、植田はいい選手。メンタルがあるからビビらない。あれはテコンドーも強かったからだね。技術は教えられるけど心までは教えられない。フィジカルはメンタルと繫がっている。植田はファイトできる。メンタルのある選手は技術もついていくよ。絶対に伸びるよ」

ファイトできる選手の育成。65パーセントから67パーセントに前進するには、メンタルの強化が日本の課題となりそうだ。

最終章　３人の子供全てをプロサッカー選手に育てた父親
——「短所を消せないと、長所も伸びない」

3人の我が子を全てJリーガーにした父。自身もプロ野球史に名を刻んだアスリート。その育て方に興味を持った。

＊「自分より上手い人とやっていくと、競技者は伸びる」

高木豊、56歳。プロ野球選手として14シーズンを過ごし、生涯打率2割9分7厘を記録。1984年には盗塁王を獲得した。通算、1628試合に出場した彼は、現在フジテレビの解説者として、テレビ画面の向こうで快活な喋りを披露している。

高木には3人の男児がおり、全員がJリーガーである。長男、俊幸は浦和レッズ、次男の善朗、三男の大輔は東京ヴェルディに所属している。

「家内も大学まで陸上の選手だったので、遺伝子的には恵まれたかもしれませんが、幼少期から遊び方は考えたかな。12歳までに反射神経を鍛えないと一生が決まってしまうなんて聞きましたから、ボールを投げてよけさせたり、バットを振り回して、自分の近くに来たらジャンプさせたり。それを変速にしてみたりと、スポーツに繋がるような遊びをさせました。反射神経や動体視力も鍛えるようにね」

長男と次男は、幼稚園の頃からサッカーを始めた。しかし、長男の俊幸は小学1年生で野球のグローブを手に取る。

「気が付けば、高い要求をしていましたね……。〝高木豊の息子〟だから、周囲からは当然上手いと思われる。でも、子供が仮に下手だったら不憫だ。ならば、こちらが厳しく接して、早く上手くさせなきゃいけない、なんていう焦りがあったんです。焦りが厳しさを生むっていうのは人間として最低ですね。最低の親父になりかけていました」

ほどなく、長男はサッカーを選んだ。

３人の子供をＪリーガーに育て上げた高木豊氏

「父親として見詰めて、俊幸は野球よりもサッカーのほうがいいなと、感じました。足も速かったし、何よりも好きでした。野球をやっている友達よりも、サッカーをやっている友達に仲の良い子が多かったですし、上手くなるだろうな、と」

とはいえ、1年間サッカーを離れたことで、同学年の上手な子たちとは差が生まれていた。

「だから、自分より上手い友達と練習しなさいって言いました。そりゃあもう、最初はチンチンにされていましたよ。『悔しいだろう？　だったら、次に何をやらなきゃいけないのかを考えなさい』と、目標設定をしましたね。例えば、いつまでにリフティングを何回できるようにしたほうがいい、とかね。

自分より上手い人とやっていくと、競技者は伸びるんです。上のレベルを与えてあげると、人ってそのレベルに近付こうとします。やっぱり人間っていうのはいい環境が大切ですから、それを与えてあげるのは大事なことだと思いますよ。許されるなら、どんどん上の年代とやったらいい。ただ、遙かに上の人っていうのは、ボディコンタクトで潰されて怪我に繋がりますが」

＊**「勝負の世界は、勝った奴しか光り輝かない」**

3兄弟は「プロになるのが夢」と語り始めた。競技は違っても、プロのアスリートを生業《なりわい》とした父親は言った。

〈**強い気持ちを持て**〉

「それも一つの要素というか素質です。人は考え方で変わると思います。ですから、考え方を教えていきました。例えば、勝負に負けるということは、どういうことなのか。僕が一番言ったのは、試合が終わってへたり込むことは絶対にするな、と。相手に完全降伏みたいな姿は見せるな。泣いてもいいけど『次は、やってやるぞ、今度見とけよ』くらいの気持ちじゃないと先にいけないぞ、って。

勝負事で負けるということは、死を意味する。お前たちがやって来たものが無駄になったと思え。勝負の世界は、勝った奴しか光り輝かない。認めてもらえないから覚えておけ、と伝えました」

が、高木は努力という言葉は発しなかった。

「〝努力〟って言葉、あんまり好きじゃないんですよ。素質のない者が努力したって、絶対にある程度のところまでしかいかない。また、努力という言葉で表現するのか、職として当たり前のことをやっていると表現できるかの差が大きいと思います。下手な人間ほど、上手い人が自然にこなすことに対して努力という言葉を使います。打つために、どんなに疲れていてもバットを振るとか。ある人はそれを努力と言うだろうけれども、一流になると、もらっているお金だとかファンの期待を背負っているから、当然のことだという認識になっていきます。だから、思考レベルが違うんです。レベルが低ければ努力って言います。レベルが高ければ、自分の責任において当然のこととなるんですね。

息子たちは、僕が言わなくてもランニングや個人練習はやっていました。多分、スポーツって、考える基本は一緒だと思うんですね。単純に言えば、ランニングが必要だとか、足腰が一番の基本になるとか。周りが見えているか、洞察力があるかとか。これは、サッカーでも野球でも必要なことです。僕は息子たちに、プロになれなんて言ったことは一度もありません。でも、本人たちが望んでいたので、プロありきで会話しましたね」

＊「短所を消せないと、長所も伸びない」

高木は、２００１年、２０１２年、２０１３年に古巣である横浜ＤｅＮＡベイスターズ（２００１年は横浜ベイスターズ）のコーチとして、２００４年にはアテネ五輪日本代表のコーチとしてユニフォームを着た。

「選手にも性格がありますから、常に目を掛けとかなきゃいけない選手もいるし。放っておいて、ポイントだけ伝えればいい選手もいます。コーチってね、そういう肩書きをもらった瞬間から、〃言うのが仕事〃〃喋るのが仕事〃って考えている奴が沢山いるんですよ。〃見るのが仕事〃というのも、入れてほしい。

指導するのは、まず観察して、人間性を捉えてからですよ。何でも手取り足取り教えようとするコーチは、周囲に向かってこういうことをやっていますというパフォーマンスもあるんじゃないかな。あんまり実績を残していない人に多いタイプです」

高木は自らの指導法を説く。

「人ってね、褒めるほうが圧倒的に伸びるんですよ。だけど、掌握術っていうのは、褒めてばかりじゃダメでしょ。最初から褒めると、怒れなくなるんです。だから、一番いいのは最初は無視で入ることなんです。ずっと無視。だいたい人って無視されると『あのコーチは俺のことは絶対に嫌っているな』とか、『俺のことは眼中にないんだな』と思い始める。そのあたりでいい仕事をした時に『お前、凄かったな』って言ってやると、『あぁ、この人はうるさいことを言わずに、いつも見ていてくれたんだな』って、信頼関係がポーンと生まれるんです。そうしたら、次は責任を与えるんです。

いい選手を作るのは自分でしょうね。自分自身がそうなりたいか、なりたくないかという意思の問題だと思います」

そして、高木はいい選手となるためには、短所を消すことが不可欠だと強調する。

「短所を消しなさい、と僕はいつも言います。長所を伸ばすって簡単なんですよ。放っとけばいいんです。『長所を伸ばせばいい』なんて言うのは、コーチがその選手に嫌われたくないだけの話でね。選手をおだてて下手《したて》に出ているだけなんですよ。だって、嫌なことをやらせないと、より上の選手にはなれないんですから。嫌なことをやるっていうのは、根気が必要なんですね。ここが一つの粘りになっていく。短所を消せないと、長所も伸びないんですよ。僕の現役時代は、インサイド打ちが弱点でした。でも、それを克服したら、バッティングが安定し始めました。

だから、息子たちにも短所を消すように言いましたね。俊幸はディフェンス、切り返し。走り出したら速いけど、切り返してのターンは遅い。僕から見ると、膝下は強いけど腿が弱い。だから階段での走り込みを練習に取り入れろと。フェイントを入れられて、パッパッとした切り返しが遅いから、体幹がブレないように鍛えろとも話しました。

善朗は重心を低く使える。これは運動選手として最も大事なことなんです。でも、膝が弱い。だから鍛えろとは言えない。あいつはね、やればやるほど消耗しているように思えるので、とにかく膝のケアだけしろよ、と。

大輔は不器用なんです。三男坊だから失敗したくないんですよね。それが強過ぎて、挑戦をしていかない。挑戦を忘れている。一番勝負強いんですけどね」

＊「思考レベルが高いと、そこに持っていこうとする」

プロ野球のコーチとしては、選手を無視することからスタートできても、息子が相手となれば、そんな訳にはいかない。

「息子は無視できないじゃないですか。一つひとつの試合で目標を作りました。『今日はどうする？』『2点獲る』『今日はアシストいくつする？』とか。いろいろ、目標設定の中でやらせました。それが達成できたら、『よくやったね』って。できなかったら『何でダメだった？』『だってマークされてたもん。ベタマークだぜ』『アマチュアレベルでマークを外せないのなら、プロにはなれないね。上手かったらマークされるよね。それでマークされたら、お前は何もできない選手なんだね』なんていう会話をしていました。

子供がプロを目標にしたから、3人共プロになれたんでしょう。一番の要因は、プロを前提として話をしたことかな。プロはこういうふうにする。こういう考え方じゃないとダメだ。プロはそんな精神では戦えない、と喋りました。考え方で、人間って全然違う方向に行きます。思考レベルが高いと、そこに持っていこうとする。言葉の環境を作りました。例えば、友人と遊んで遅く帰ってくる。いいですよ、たまには息抜きで。でも、それがちょっと続くと、『お前、プロになりたいんだろ。プロってそんなに夜更かししないよね』って言った記憶があるかな」

高木自身が、プロ野球選手を意識し始めたのは高校1年の時である。甲子園で優勝経験のある監督から、プロに辿り着いた選手たちの日常生活を聞いた。

「ああ、そういうふうにやらないといけないんだということで、毎晩のスイングを始めたんです。どんなに疲れていても、やりました。プロに入ってからも続けましたよ。そのきっかけを与えてくれましたね。本当にクタクタな時、ベッドに入るじゃないですか。でも、スイングしてないなって起き上がるんです。1本でもいいからやろう、あぁ、今の振り方じゃダメだ、って2本目を振る。10本くらいやって、あぁ、これだ、と思ったら眠る。余力のある時は、1時間くらい振っていたこともありました。自分が自分を作るんですね。

大学の監督からは、『小さいことは考えるな。とにかくバッティングは飛ばせ』と教わりました。『ポテンヒットなんかで喜ぶな。とにかく強く叩いて飛ばせ』という考えの人でした。こちらの考え方も大きくなりましたよ。どんなに大きくたって、小さくたって、ボールを飛ばせなければいい打ち方じゃない、ってね」

＊「勝つためのサッカーを、小さい時からやらせ過ぎている」

競技は違っても、常に生き残りをかけたプロの世界で自身を貫いた父の言葉は、息子たちの胸に染み入ったに違いない。そんな高木は親としてサッカー界と接しながら、警鐘を鳴らす。

「日本は教え過ぎです。勝つためのサッカーを、あまりにも小さい時からやらせ過ぎている。だからチームとしては育つけど、個が育たない。上手い選手はいるけど、強い選手がいないでしょう。

次男はオランダリーグでプレーしましたが、オランダ人はとにかく下手だって言っていました。デカイから、俊敏性がない。ただ、体幹が強いので、アイツは吹っ飛んで、手首を折って帰って来ました。

スポーツってパワーと技術、両面があるじゃないですか。**技術はパワーに屈しますね**。野球でもそう。技術があってコントロールがあっても、バットで捉えた時のパワーには負ける。やっぱり体ですよ。日本人って小っちゃいもん。厚みもないし。で、筋肉を付け過ぎると90分走れないとか言うじゃないですか。外国人は、あれで90分、もっとスピードを付けて走っている。その差だと思いますよ。日本人は小さくて、直ぐ吹っ飛びますもん。グラウンドで倒れていたら勝負にならないですよ。体幹の弱さ、体の違いで世界に追いつけない。日本は足元が上手いとか、何だかんだって言っていますが、**足元が上手くたって、ボールが前に進まなかったらどうしようもないだろうって**」

＊「〝支え〟をだいたいの親は嫌がる」

そして、親として見続けてきた日本の負の部分にも触れた。

「スポーツは必ず競争なんですよ。でも、今の学校教育は競争じゃなく、平均化を求めている。だから、突出した人間が出てこない。世の中っていうのは、ピラミッドになっていて、小さな組織——少年サッカーだってピラミッドなんです。でも、ピラミッドの頂点だけあればいいのかというと、これはもう不安定なもので、支えがなければいけない。そのチームの支えに、自分の子供がなっているかどうかなんですよ。

〝支え〟をだいたいの親は嫌がるんです。試合に出られないと文句を言うでしょう。しゃしゃり出てくる親がいるからね。『何でうちの息子、使ってもらえないのか？』って。そんな親は、もうスポーツの世界に身を置くな。それは、教育として親が間違っている証です。だって、会社に入った時にいきなり社長かって。底辺から始めていくものだろう、って。それが短いスパンで行われるから、上り詰める前に止めていかなきゃならない。ここではいい思い出がなかったねってことになるんですよ。ここでいい勉強した、じゃないんですよ。でもね、ここは、ここにしかない教育がある筈なんですよ」

淡々と語った高木であるが、その発言には、プロとして生きた男の重みがある。

「我が子が試合に出られなければ、出られない時の考え方、出るために何をするべきか。それを教えなければいけない。やはり、目標設定がいると。目標設定の仕方というのは、時間との戦いをさせなきゃいけない。漠然と一年間、今年は○試合に出る、じゃダメなんです。いつまでに○試合出る。目標を立てるには、時間が大切です。で、出られなかったら、何が足りなかったのかという反省も必要だし、反省した後にこういうことをやったら、出られるんじゃないかということを考えながらやっていくのが、教育なんですよ。

俺は上手いんだぜってトップに出て、大成しないで挫折していくよりも、**我慢して一歩上り詰めてゲームに出ていく人間は、ずっとサッカー好きでいるでしょうし、本当に強い選手になっていきます。**親がサポートする、育てるって、そういうことですよ」

＊「人間は心を開いて素直になることが一番大事」

高木は3人の息子たちに、人生の節目で、自身の道は必ず己で選択させた。

「お前の人生は親が決めるものじゃない。俺は決めない、お前が決定しろ、と。例えばプロに行く時も、いくつかの選択肢は与えましたが、最後は自分で選ばせました。中学に上がる時、高校に上がる時もそうです。自分で選べ、と。で、『自分が選んだことに対して、悔いは残すな。ケツ割るようなことだけはするなよ。自分が選んだんだから、自分が責任を取れ』と言い聞かせました。結局、人生は自分の問題なんです。野球の世界でも、下らないことで潰れた才能もあったと思います。それは運でもありますよね。

全国的な強豪校を選んだばっかりにプロに行けなかった選手だっているでしょう。他の高校で主力としてバンバンやっていたら、もっと成長してプロに行けたかも分からない。ただ、合わなくても、止める必要はないと思うんですよね。止めるっていうのは、嫌なことから逃げることですから。僕は高校時代、寮生活が下らなくて嫌で出ましたが、野球部を止めた訳じゃない。途中で止めるっていうのは挫折ですよね。言い訳です。そこで我慢し切れるとか、何とか考えて、のしていくとか、強い気持ちがないとダメでしょうね。それを教えるのが、親の責任ですよ」

――長く野球をやられて、最も得たものは何ですか？　と質問してみた。

「人間は心を開いて素直になることが一番大事だと、僕は野球から教わりました。これは子供たちにも言ってきましたね。『常に素直な心で周囲と接しないと、自分の成長を止めるぞ』って。やっぱり自分が素直になって心を開かないと、吸収力がなくなる。その吸収力がなくなった途端に、成長は止まります。『人としてもそうだし、プレーヤーとしてもそうだ。だから、常に素直でいろよ』とは教えました。

僕もコーチに対して『お前は現役時代、俺より打てなかっただろう』と思っていた時期があります。それでスランプにもなりました。そういうことも、若い時にはある種、必要なことかも分からない。天狗になったり、反省したりの繰り返しをしながら成長していく。でも人間の基本は、素直な心を持つことから始まると思いますね」

息子である３人のプロ選手に向かっては、こんな言葉を発した。

「日本代表に３人で入るって言っていましたから、いつやるんだと。目標設定は、いつまでだ？　って聞きたいです。まぁ、３人共レギュラーではなく、試合に出られていないような状態ですけれども。だとしても、目標はブレさせないでほしい。目標を下げることによって、自分のレベルも下げることになりますから。頑張り通せ、と。プロは、自分で這い上がるしかないですからね」

最後にサッカーを愛する我が子をサポートする全ての親に向けて、高木は話した。

「子供たちから楽しみをもらっていると思って感謝しながら見ましょう。それが子供に伝わる。親が楽しみにしているって理解する。親が感謝してくれていることも分かってくる。そうしたらもっと親を喜ばせようと何かしなきゃいけないって感じる筈です。だから、褒めてあげましょう」

エピローグ――「指示待ちっ子」ばかりが生まれる構造

日本のプロスポーツ界は、国技である相撲と野球を中心に進んで来た。つい先日、横綱・白鵬の親方である山村和行が、付き人を相手に傷害事件を起こして逮捕されたが、相撲界では身の回りの世話をしてくれる使い走りをバットで殴ることが躾《しつけ》であり、教育であるらしい。

野球ピラミッドの裾野には、甲子園出場を夢見る高校生や、シニアリーグ、リトルリーグ選手の存在がある。プロ野球選手たちは、多かれ少なかれ、千本ノック、ケツバット、先輩による指導など、相撲の〝可愛がり〟と似たような暴力に耐えた過去を持つ。

この2つの競技は世界規模ではマイナーであるから、比較対象もなく、純和式でやって来られた。こうした日本独自の教練法がまかり通るなか、サッカー関係者たちの多くも、同じように選手と接して来た。相撲や野球のように艱難辛苦《かんなんしんく》に耐えることを、まず選手に強いて来たのだ。

毎年、夏になると、ジャパニーズメディアは「これでもか」というほど甲子園の美談を報じるが、アメリカの高校生たちには全米ナンバーワンを目指す大会などなく、次のカテゴリーである大学でいかに活躍してやろうかと考えながら、今、できることに取り組む。また、学業で最低限のスコアを満たさない選手は、選手登録を抹消される。

アルゼンチンサッカーが7階級のレベルに分かれているように、イングランドにいくらでもクラブチームがあるように、アメリカの高校生アスリートたちにも、自分が選んだ競技をとことんプレーできる環境がある。Aチームのリーグ戦、Bチームのリーグ戦、1年生のリーグ戦とカテゴリー別に分かれて公式戦が組まれ、けっしてプレー時間がゼロの補欠選手は出さない。スタディアムで応援歌を歌い続ける行為がアスリートにとってプラスにならないことを解しているのだ。

ドイツサッカー協会も、プロから小学生まで685万人強の登録選手全員が、年間を通じて試合に出場することを重視している。

我が国のスポーツ界、とりわけ学校の部活は、プレーする喜びよりも忍耐力を養わせ、「その精神力があれば、社会人になっても十分通用する」と、アスリートを教育して来た。

専門に経験をしたことのない教師が顧問を務める場合、テクニックは教えられないから、人間教育にシフトするしかなかったのか。その際、若い選手たちは、教師、監督への服従を求められた。これこそが日本社会だ。

その結果「指示待ちっ子」ばかりが生まれることになった。日々の生活の中で、教師から「○○やりなさい」「△△しなければダメだ」と教育され続けた日本人が、ピッチの上だけで主体性を発揮するのは困難である。強い「個」が育つことなど、例外でしかない。しかも、サッカーは世界規模のスポーツであるため競争が激しく、今、この瞬間も、世界各地でサバイバルが展開されている。強い選手たちは、幼い頃から己の判断で自分だけの武器を磨き、道を切り拓いている。ワールドカップで上位に食い込むことなど、今の日本には夢物語である。

だが、若きプレーヤーたちは壮大な夢を抱きながら、ボールを蹴っている。何人もその夢を、笑うことはできない。

第1章、本田圭佑が実践する「子供たちを吹っ飛ばして、サッカーの厳しさを教えろ」という言葉は圧巻だった。凡人であることを認めながらも、誰よりも努力して頂を目指している本田ならではの思考である。日本人離れしたメンタルを持った本田のような若者が、さらに下の世代を鍛えていけば、既存の和式ティーチングも変わるのではないかとワクワクした。

第2章、ボルシア・ドルトムント・サッカースクール取材では、最年少の年中の男児が、両手を広げながら味方にパスを要求するシーンが忘れられない。この子は、全身でサッカーを楽しんでいた。彼が妙な大人の手垢に塗《まみ》れることなく、いつまでも今の気持ちを失わずにいてくれることを願う。

第3章、4章のイタリア取材では、優美な芝のピッチで汗を流すエリート選手たちの闘う姿勢が印象的だった。ティーンネイジャーはもちろん、9歳でも、ボールの奪い合いでは死んでも負けるか！　なるスピリッツを見せた。

それプラス、50代、60代の初老プレーヤーたちが、真っ赤な顔をして日曜リーグでボールを蹴る姿も心に残った。私が見学に行ったグラウンドではイタリアで最も権威のあるサッカー紙『カゼッタ・デロ・スポルト』の記者もユニフォーム姿でピッチに立っており、休日の楽しみ方、人生の喜び、そしていかにサッカーが国民に普及しているのかを見せ付けられた。

第5章に登場した池田伸康コーチは、実にハートのある男である。個人的には、高校生よりも小学生や中学生、それも、なかなか芽が出ずに苦しんでいるような子への指導のほうが彼の力を発揮できるように感じた。もし、本書をお読みになった方のお子様が、今、辛い状況に置かれているのなら、「夢は強く願えば絶対に叶う」という彼の言葉を伝えていただきたい。

第6章、浅井重夫ロクFC総監督の「目の前の勝利に血眼になるのではなく、将来に繋がるような人間形成こそが大事である」というポリシーこそが、日本のピッチに欠けているものであろう。

中学校生活の3年間、ほとんどベンチに入れなかった子が、絶対に練習を休まず、最後の最後に公式戦のピッチに立ったエピソードを聞いた折には、胸が熱くなった。残念ながら、現在の日本にこういうチームは、ほとんど無いように思う。

第7章、8章の清水取材からも、人間教育の尊さを教わった。文武両道を掲げ「苦しいことから逃げる心の弱さは、必ずピッチに出る」という指導が、名門、清水東高校の礎だったのだ。

同校が久しく全国大会に出場できていないのは、名伯楽である勝澤要先生が引退されたことが要因であるように私は感じる。彼の教え子である長谷川健太ガンバ大阪監督が、2014年のシーズンに国内で3冠を達成したのも、少なからず高校時代の経験が生きたものであろう。

第9章、ヴェルディの練習風景からは、「まずはゴールを見ろ、目的を間違えるな！」なるコーチのアドバイスが耳に残っている。常にゴールを意識した練習をヴェルディは続けている。だからこそ、黄金時代を築けたに違いない。

第10章のエスクデロは、日本が決定的に足りないものを突き付けて来た。私がアルゼンチンで削られた日々も、二十数年ぶりに蘇った。世界先端のサッカーを、日本語で指導する人物が我が国にいるというのは財産である。

第11章で協力を仰いだキャロルとは、年に何度か肩を並べてJリーグの試合を観戦する。その際、彼は何度も「日本ではこれがファールなんだよなぁ。イングランドだったら流すけどねぇ」と、日本人レフェリーのパフォーマンスの低さを嘆く。サッカーの母国から来日した人間の視線で、より多くの意見を述べてもらいたい。

最終章で高木豊氏が発した「最低の親父になりかけた」の一言は含蓄があった。次男の善朗をJリーグ会場のミックスゾーンで捕まえ、父親の教えで最も心に残っていることは？と質すと、「調子が悪かった時に、一緒にランニングしてくれたことです」との回答が返って来た。子育てにも正解やマニュアルはない。彼自身も試行錯誤しながら、息子たちを支えて来たのだ。子供と接する一人の親の姿として、読者の方々の参考になれば幸いである。

さて、最後はサッカー小僧に向けた元日本代表選手からの言葉で締め括りたい。まずは、ガンバ大阪、長谷川健太監督。

「いい選手になりたいなら『諦めない』ことが大事です。小さい頃にサッカーが上手くなくて試合に出られなかった子が、プロになる例は結構あります。僕がエスパルスの監督をしていた頃の岡崎慎司なんて、本当に下手でした。でも、だからこそ自分自身で変えていったんです。彼を見ていて『諦めない』ことの重要さが分かりました。能力が無いと感じていても、努力次第でいくらでも伸び代は見付かると思います。

ハートの強い選手じゃないと、上には行けません。メンタルの強さが成功の鍵です。テクニシャンだとか、フィジカルがあるとか、足が速いとか何よりも、強いハートを持った選手が一番伸びますね」

前述したが、日本代表がワールドカップに初出場したのは1998年のフランス大会である。苦しみながらもアジア予選を戦い、第3代表の座を獲得した折、Vゴールを決めたのが、現ガイナーレ鳥取の岡野雅行GMだ。彼は言う。

「成功するための鍵はハートですよ。やってやるとか、何があっても逃げない、という強い気持ちですね。それが無いと選手は上に行けません。言い訳をせずに、自分に勝つことです。自分がしっかりとやっていれば、周りも付いてきてくれます。

今がどうであれ、とにかく諦めないで続けてほしい。必ずチャンスは来ますから。人間って、目先のことばかり考えて、今がダメだと、もうダメだって考えるじゃないですか。でも、頑張り続けていると必ず見てくれている人がいて、自分が必要とされる場面が訪れます。上手い下手は関係なく、自分を信じて努力を続けることが一番大事です。止めること、諦めることはいつでもできます。でも、続けていれば絶対にチャンスはやって来ますよ」

※本書執筆中に、デットマール・クラマー氏が永眠されました。心よりご冥福をお祈り申し上げます。

参考資料

「Ｎｕｍｂｅｒ」８８４号、文藝春秋、２０１５年８月20日
中条一雄『デットマール・クラマー日本サッカー改革論』ベースボールマガジン社、２００８年
「ザ・データマン『王者の疾走　ドイツサッカーの秘密』」ＮＨＫＢＳ１、２０１５年５月24日放送

※本書は、「小説宝石」２０１４年５月号～15年７月号に連載された「少年サッカー指導の最前線～Ｗ杯優勝に必要なこと」に加筆・修正を行ったものです。

林 壮一（はやしそういち）

1969年埼玉県生まれ。ジュニアライト級でボクシングのプロテストに合格するも、左肘のケガで挫折。週刊誌記者を経てノンフィクションライターに。'96年に渡米し、アメリカの公立高校で教壇に立つなど教育者としても活動。2010年帰国。'14年、東京大学大学院情報学環教育部修了。著書に『マイノリティーの拳』（新潮文庫）、『アメリカ下層教育現場』『体験ルポ アメリカ問題児再生教室』（以上、光文社新書）、『神様のリング』『進め！ サムライブルー』（以上、講談社）などがある。

間違《まちが》いだらけの少年《しょうねん》サッカー　残念《ざんねん》な指導者《しどうしゃ》と親《おや》が未来《みらい》を潰《つぶ》す

2015年10月20日初版1刷発行

著　者 —— 林　壮一
発行者 —— 駒井　稔
装　幀 —— アラン・チャン
印刷所 —— 萩原印刷
製本所 —— 榎本製本
発行所 —— 株式会社光文社
東京都文京区音羽1-16-6（〒112-8011）
http://www.kobunsha.com/
電　話 —— 編集部03(5395)8289　書籍販売部03(5395)8116
業務部03(5395)8125
メール —— sinsyo@kobunsha.com

　ISBN 978-4-334-03885-4

780
京都　奥の迷い道
街から離れて「穴場」を歩く
柏井壽

嵐山から奥嵯峨へ、妖怪と映画のストリート、手つかずの街・九条、嵐電沿いの道歩き……賑わい溢れる京都中心部から少し離れて、半日ばかり費やして歩きたい五つの道をご案内。

978-4-334-03883-0

781
真田幸村と真田丸の真実
徳川家康が恐れた名将
渡邊大門

〝非正規〟の一牢人が、天下人・家康を窮地に陥れる——痛快無比な〝真田幸村〟の物語は「史実」なのか？　これまでの幸村像を一新する、大河ドラマの最高の解説書が登場！

978-4-334-03884-7

782
間違いだらけの少年サッカー
残念な指導者と親が未来を潰す
林壮一

怒鳴り過ぎ・教え過ぎ・練習させ過ぎ——日本はアジアで、世界で、なぜ勝てなくなったのか？　日本の育成レベルは本当に高いのか？　少年サッカーの現場を歩き、問題点を抉る。

978-4-334-03885-4

783
慢性病を根本から治す
「機能性医学」の考え方
斎藤糧三

食生活から対人関係まで、見直すべき毎日の習慣とは？　うつ病、糖尿病、冷え、不眠症、心臓血管病、腸の不調、アレルギー性疾患ｅｔｃ．「次世代医療」から慢性病の解決策を学ぶ。

978-4-334-03886-1

784
カープ魂
優勝するために必要なこと
北別府学

「精密機械」と呼ばれ、カープの黄金時代を支えた元エースが、長年優勝から遠ざかるチームに今こそ伝えたい熱き言葉。年代別・名投手トップ5、学生とカープを語る座談会つき。

978-4-334-03887-8